essentials

Essentials liefern aktuelles Wissen in konzentrierter Form. Die Essenz dessen, worauf es als „State-of-the-Art" in der gegenwärtigen Fachdiskussion oder in der Praxis ankommt. Essentials informieren schnell, unkompliziert und verständlich

- als Einführung in ein aktuelles Thema aus Ihrem Fachgebiet
- als Einstieg in ein für Sie noch unbekanntes Themenfeld
- als Einblick, um zum Thema mitreden zu können

Die Bücher in elektronischer und gedruckter Form bringen das Expertenwissen von Springer-Fachautoren kompakt zur Darstellung. Sie sind besonders für die Nutzung als eBook auf Tablet-PCs, eBook-Readern und Smartphones geeignet.

Essentials: Wissensbausteine aus den Wirtschafts, Sozial- und Geisteswissenschaften, aus Technik und Naturwissenschaften sowie aus Medizin, Psychologie und Gesundheitsberufen. Von renommierten Autoren aller Springer-Verlagsmarken.

Dieter Bögenhold

Gesellschaft studieren, um Wirtschaft zu verstehen

Plädoyer für eine interdisziplinäre Perspektive

Univ.-Prof. Dr. Dieter Bögenhold
Klagenfurt am Wörthersee
Österreich

ISSN 2197-6708 ISSN 2197-6716 (electronic)
essentials
ISBN 978-3-658-09193-4 ISBN 978-3-658-09194-1 (eBook)
DOI 10.1007/978-3-658-09194-1

Die Deutsche Nationalbibliothek verzeichnet diese Publikation in der Deutschen Nationalbibliografie; detaillierte bibliografische Daten sind im Internet über http://dnb.d-nb.de abrufbar.

Springer VS

Gedruckt auf säurefreiem und chlorfrei gebleichtem Papier

Springer Fachmedien Wiesbaden ist Teil der Fachverlagsgruppe Springer Science+Business Media
(www.springer.com)

Was Sie in diesem Essential finden können

- Eine wissenssoziologische Untersuchung von Linien der Konvergenz und Divergenz zwischen der Soziologie und Nachbardisziplinen, v. a. der Ökonomik und der Historik und Psychologie
- Ein nachhaltiges Plädoyer für das Potential der Soziologie, und zwar zur adäquaten Vermessung von Fragen wirtschaftlicher Abläufe und für wirtschaftspolitische Schlussfolgerungen
- Eine interdisziplinäre Perspektive, die verdeutlicht, dass man sich zunächst mit dem Studium von Gesellschaften befassen soll, selbst wenn man sich nur für das Funktionieren der Wirtschaften in diesen Gesellschaften interessiert
- Ein Ausblick auf gegenwärtige Trends in wichtigen Einzelwissenschaften, die teilweise dem entgegenlaufen, was heute StudentInnen zu Anfang Ihrer Studien in Lehrbüchern finden

Vorwort

Dieses Buch fasst eine Reihe von Überlegungen zusammen, die ich seit etwa zehn Jahren immer wieder in verschiedenen Zuspitzungen artikulierte und in unterschiedliche Artikel als Problemhorizont einfließen ließ. Seit meiner Zeit als Post-Doc-Assistent (1985–1989) am Institut für Soziologie der wirtschaftswissenschaftlichen Fakultät der Universität Münster bin ich stetig wiederholt mit dem akademischen Grenzbereich zwischen der Volkswirtschaftslehre, der Betriebswirtschaftslehre und der Soziologie konfrontiert gewesen. In den darauf folgenden 25 Jahren bin ich in meiner akademischen Tätigkeit in diversen Ländern immer wieder mit der Frage nach der „Reinheit der Fächer" konfrontiert worden, wie sie vor allem im deutschsprachigen Raum zu finden ist, bei der Akademiker entweder das Eine *oder* das Andere zu sein haben. Mir wurde es gedanklich immer wichtiger, erst die Frage nach dem Forschungsinteresse zu stellen und sich dann zu fragen, ob diese Frage die Soziologie, Historik, Psychologie, Volkswirtschaftslehre, Betriebswirtschaftslehre, Entrepreneurship Studies oder weitere Bereiche tangiert, und nicht umgekehrt zu fragen, wer zu welchem Fachgebiet gehört, wer welches Abschlusszeugnis hat, um daraus zu schlussfolgern, wer für welches Thema zuständig ist. Letzteres Vorgehen ist ein regressives Ordnungsschema, das getreu dem Prinzip jedweden Verwaltungshandelns gehorcht, also das „es war schon immer so, und deswegen wird es auch immer so bleiben". Dabei war es bereits *Joseph A. Schumpeter*, der 1912 in seiner *„Theorie der wirtschaftlichen Entwicklung*" auf die simple Tatsache hinwies, dass Innovationen „neue Kombinationen" darstellen, also die gedankliche Neuorganisation von Dingen, die stets zuvor routinemäßig in einer bestimmten Art betrieben wurden. Auch akademische Innovationen sind in diesem Sinne „neue Kombinationen".

In Zeiten von Globalisierung und zunehmenden weltweiten Interdependenzen und Komplexitäten erscheint immer mehr die Tatsache offenkundig, dass auch im Wissenschaftsbereich zwischen scheinbar getrennten Sphären von Arbeitsteilung vermehrt Kooperationen durch inter- und transdisziplinäre Anstrengungen zu leisten sind. Dabei wird allerdings auch deutlich, dass sich in wirtschaftswissenschaftlichen Kontexten Elemente eigentlich soziologischer Urkompetenz einnisten: Hier wird auf die notwendige Erforschung von Aspekten wie Kommunikation, Vertrauen, Ehrlichkeit, Emotionen, Familienzusammenhänge, soziale Netzwerke, Lebensstile, Intuition, Sprache und Religion hingewiesen, so dass die Soziologie aufhorchen sollte, dass ihre Themen in fachlichen Nachbarkontexten Beachtung finden, ohne dass sie selber diese Liebesanbahnungen überhaupt registriert.

Durch die enorme Explosion von verfügbarem Wissen in Breite und Tiefe werden die Wissens*silos* im Leben von Forschung und Lehre immer voller. Jeder Mensch kann – ähnlich wie Max Weber das schon vor mehr als hundert Jahren prognostiziert hatte – heute nur noch Expertentum in immer schmaler zugeschnittenen Bereichen erwerben. Selbst in kleinsten akademischen Fächern hält kein Mensch das Tempo an publikatorischen Neuerscheinungen mit, so dass es nur noch darum gehen kann, überhaupt die nach Möglichkeit interessantesten und wichtigsten Neuentwicklungen zu entdecken, um am Ball der Informiertheit zu bleiben. Immer wichtiger wird, dass zwischen den diversen Wissens*silos* vermehrt Stege und Brücken zu entwickeln sind, um zu einer fachlich notwendigen Reorganisation von Wisseneinheiten zu gelangen und um der Gefahr des Fachautismus entgegenzuwirken.

In diesem Sinne versucht diese Schrift, sich dem Thema in konzentrierter Form zu widmen, insbesondere das Verhältnis zwischen der Soziologie und der Ökonomik wird hier zum expliziten Gegenstand. Die vorgebrachte Erörterung fasst Überlegungen zusammen, die ich stets in meiner Wintervorlesung „*Einführung in die Soziologie*" in der wirtschaftswissenschaftlichen Fakultät der Alpen-Adria Universität Klagenfurt mit beträchtlich größeren Details gebe. Der Titel der Schrift gibt einen Vortragstitel wieder, der auf Einladung der „*Volkswirtschaftlichen Gesellschaft*" als Abendvorlesung in der Wirtschaftskammer in Klagenfurt im Mai 2014 gehalten wurde.

Dieter Bögenhold

Inhaltsverzeichnis

Kultur und das soziale System der Produktion

1

Das heute viel verbreitete wissenschaftspolitische Credo „*Wirtschaft weiterdenken*“ kann auf verschiedene Arten interpretiert werden. In der vorliegenden Arbeit wird versucht, dieses Credo sinnhaft zu beleuchten und wissenschaftstheoretisch zu unterlegen. „Um zu verstehen, wie und warum die Wirtschaft einer Gesellschaft funktioniert, ist es erforderlich, ihr gesamtes soziales System der Produktion zu begreifen“ – eine solche Formulierung finden wir bei Rogers Hollingsworth (Hollingsworth 2000, S. 280). Sie klingt verständlich und in einer Art und Weise formuliert, dass wir neigen, es schnell akzeptieren können. Doch was meint die Formulierung von einem „sozialen System der Produktion" tatsächlich? Welche Konsequenzen hat es, wenn wir eine solche Formulierung akzeptieren und als „richtig“ beurteilen? Warum ist das, was scheinbar selbstverständlich klingt, eigentlich gar nicht selbstverständlich? Solche Fragen führen uns in die Thematik der Organisation der Wirtschafts- und Sozialwissenschaften. Ihre Gliederung und deren Inhalte müssen stets soziologisch reflektiert werden und man erkennt Selbstverständlichkeiten erst, wenn man sie in einen historischen Betrachtungsrahmen stellt.

Gehen wir zunächst zu der Frage zurück, was mit der Formulierung eines *sozialen* Systems der Produktion gemeint ist: Der Autor gibt dann sogleich eine Präzisierung, er sagt, es ist „eine Konstellation der folgenden *institutionellen Arrangements*, die der Gesellschaft zugrundeliegenden Werte, die ihre Normen, moralischen Prinzipien, Regeln und Handlungsrezepte prägen“ (Hollingsworth 2000, S. 280). Diese beeinflussen wiederum Ordnungsarrangements wie das Ausbildungssystem einer Gesellschaft, ihr System der industriellen Beziehungen, ihre Arbeitsmärkte, die Struktur und das Verhalten der Firmen untereinander.

D. Bögenhold, *Gesellschaft studieren, um Wirtschaft zu verstehen,* essentials,
DOI 10.1007/978-3-658-09194-1_1

Mit anderen Worten, die Vorstellung eines *sozialen* Systems der Produktion meint, dass das System der Wirtschaft in die Organisation einer Gesellschaft eingebunden ist, welche als ein soziales System bezeichnet wird. Der Autor spricht hier von institutionellen Arrangements und meint damit gemäß der sozioökonomischen Institutionenforschung, dass Wirtschaft *in praxi* niemals in einem luftleeren Raum stattfindet und insofern nicht nur die analytischen Kategorien Arbeit, Kapital und Technologie kennt. Stattdessen findet die Organisation und der Vollzug von Wirtschaft immer in spezifischen Koordinaten von Zeit und Raum statt, die mit ihren jeweiligen Besonderheiten die konkreten wirtschaftlichen Gegebenheiten prägen. Das trifft sich mit der landläufigen Vorstellung, dass Wirtschaft stets von einer bestimmten Kultur geprägt ist, die letztlich immer sozial-räumlich-zeitliche Merkmale aufweist und einen Set von Normen und globalen Wertorientierungen transportiert, der mit bestimmten Mustern von sozialen Institutionen (Sprache, Religion, Familien- und Verwandtschaftssysteme, Bildungs- und Erziehungssysteme) einhergeht.

All das zusammen bestimmt das Junktim von Wirtschaft und Gesellschaft und wurde besonders deutlich in den Arbeiten von Max Weber und Werner Sombart, wenn diese von *Wirtschaftsgesinnungen* und *Wirtschaftsmentalitäten* – auch in Verbindung mit unterschiedlichen Religionen – sprachen. Es geht dabei um die Aufgabe, wirtschaftliche Phänomene und deren Veränderungsdynamik mit der Frage von kulturell vermittelten Handlungsdispositionen zu vermitteln. Die institutionelle Einbindung der wirtschaftlichen Gegebenheiten korrespondiert mit der Ebene der Anerkennung der *Wirkung von Kultur* im Prozess der wirtschaftlichen Entwicklung und der Akzeptanz deren relativer Autonomie. Wenn wir also die Frage „*Does Culture Matter*?" (Harrison und Huntington 2000) hören, dann sind hier mindestens zwei verschiedene Aspekte angesprochen: *Erstens*: Können und müssen wir analytisch in Rechnung stellen, dass bei der Vermessung und Erklärung von wirtschaftlichen Gegebenheiten und dem Vollzug von Ökonomie in einem globalen Wirkungszusammenhang kulturelle Faktoren eine Rolle spielen? Zweitens: Wenn wir konzedieren, dass Kultur zumindest teilweise als eine Einflussvariable in Rechnung zu stellen ist, so muss anschließend untersucht werden, wie und in welchem Ausmaß dieses geschieht. Hier geht es mit anderen Worten um das „*How does Culture Matter*?" (Sen 2007).

Bejahen wir zunächst die Frage „*Does Culture Matter?*", dann ist damit bereits ein Kontrastprogramm zu einer materialistischen Betrachtungsweise gegeben, für die neoklassische und marxistische Sichtweisen gleichermaßen stehen. Hier kommt nämlich dann die Annahme zum Tragen, dass sich Wirtschaft(svollzug) eben nicht in einem luftleeren Raum, also geschichtslos und frei von Raumkoordinaten, vollzieht, sondern immer nur in spezifischen sozialen Kontexten. Demnach ist Wirtschaftsleben ein „räumlich und zeitlich gebundener Tatsachenkomplex", wie Sombart (1982, S. 210) es ausdrückte. „Alle Kultur, somit auch alle Wirtschaft, wenn sie wirklich ist, ist Geschichte. Die Idee der Wirtschaft konkretisiert sich also immer in unbestimmten, historischen Erscheinungen: die Wirtschaft in der Geschichte nimmt stets Gestalt an; sie ist gestalteteter Geist. Wie es keine Religion, keine Kunst, keine Sprache, keinen Staat *,in abstracto'* ... gibt, sondern immer nur eine bestimmte Religion, eine bestimmte Kunst, eine bestimmte Sprache, einen bestimmten Staat, so gibt es auch keine Wirtschaft *in abstracto*, sondern immer nur eine ganz bestimmt geartete, historisch besondere Wirtschaft" (Sombart 1982, S. 210).

Die Akzeptanz der Wirksamkeit von Kultur als Komplex von Normen, Werten und sozialen Institutionen impliziert, dass es keine autonomen Wirtschaften und Wirtschaftskreisläufe gibt, sondern dass diese in Gesellschaft integriert sind. Damit ergibt sich zwangsläufig die Relevanz eines „*sozialen* Systems der Produktion", was ökonomische Prinzipien des Wirtschaftens im engeren Sine (System industrieller Beziehungen, Organisation von Arbeitsmärkten, Wirtschafts-, Wettbewerbs- und Arbeitsrecht) und im weiteren Sinne (Fragen von Demographie, Familienstrukturen, sozialen Netzwerken, Vertrauensbeziehungen, Religion, Kodexe von Interaktionen etc.) einschließt. Wenn „culture matters", dann lässt sich unmittelbar hieran als Konsequenz schlussfolgern: „*sociology matters*".

Damit ergibt sich ein Dreisatz, demnach Wirtschaft *ohne* Gesellschaft analytisch nicht adäquat vermessen werden kann und somit soziale Dimensionen zwangsläufig als Erklärungsvariable Berücksichtigung finden müssen. Wenn Kultur mit wirtschaftlicher Entwicklung solchermaßen interagiert, muss die Schlussfolgerung lauten, dass dann im Konzert der akademischen Disziplinen auch Disziplinen und deren fachliche Kernkompetenzen berücksichtigt werden müssen, die nicht zum engen Kanon der Wirtschaftswissenschaften zu zählen sind, etwa die Wirtschafts- und Sozialhistorik, die Soziologie, die (Wirtschafts-)Psychologie, die Organisations- und Verwaltungswissenschaften, die Religionswissenschaften, die Kommunikations- und Medienwissenschaft und entsprechende interdisziplinäre Fachgebiete wie die Netzwerk- und die Familienforschung, um nur einige Anwendungsgebiete zu nennen. Damit ergibt sich der Befund, dass fachliche Gebiete studiert werden müssen, die scheinbar nicht unmittelbar das Fach der Wirtschaftswissenschaften tangieren und sich dennoch als ausgesprochen relevant für die Thematik zeigen.

Um zu einem besseren Verständnis der sozialen Elemente zu gelangen, die in das *soziale System* der Produktion integriert sind, müssen also (auch) *nicht*-wirtschaftliche Phänomene studiert und analysiert werden, die zunächst scheinbar relativ entfernt und thematisch separat von der eigentlichen wirtschaftswissenschaftlichen Frage liegen. Schon die „großen" Ökonomen des zwanzigsten Jahrhunderts praktizierten wie selbstverständlich eine solche Art von Zugriff (Bögenhold 2009): So erklärte Keynes, der Leser „feels that this general, philosophical disquisition on the behavior of mankind is somewhat remote from the economic theory under discussion" (Keynes 1937, S. 209). Keynes machte – wie auch schon die Soziologen Max Weber und Werner Sombart – Stimmungen und Wirtschaftsmentalitäten in der Gesellschaft dafür verantwortlich, dass sich die wirtschaftliche Entwicklung in der einen oder anderen Richtung entwickelt. Das teilweise „instinktive" „feeling about money" ist die Triebfeder vieler wirtschaftlicher Prozesse, „it operates, so to speak, at a deeper level of our motivation" (Keynes 1937, S. 216). Tatsächlich spricht Keynes von instinktivem Verhalten, das Wirtschaftsakteure an den Tag legen können. Das ist ein Verhalten, welches nicht a priori vorhersehbar und in Modellen abbildbar ist, sondern dieses Verhalten bemisst sich *nicht* an klassischen Ideen vertrauter Rationalität. Der Grad, in dem Menschen Geld (nicht) ausgeben, fungiert als ein Barometer von Vertrauen und Misstrauen in die wirtschaftliche Entwicklung und basiert auf Einschätzungen, die zwangsläufig stets mit Graden von Unsicherheit einhergehen und für die unterschiedliche Grade von Zukunftspessimismus bzw. -optimismus stehen. Insofern sind Theorien über Angebot und Nachfrage stets von einer „psychology of society" (Keynes 1937, S. 214) abhängig, bei der Faktoren wie (Un-)Sicherheit dominierende Rollen spielen.

Ebenso wie Keynes arbeitete auch Schumpeter interdisziplinär, und zwar nicht nur prinzipiell methodologisch reflektierend (Bögenhold 2014), sondern auch exemplarisch angewandt in seinen Untersuchungen des Unternehmertums. Das Unternehmerverhalten wird von Schumpeter als „irrational oder von einem andersgearteten Rationalismus" klassifiziert. Seien es Motive, seien es später nur Gewohnheiten oder auch halb pathologische Momente, so Schumpeter, „der typische Unternehmer frägt sich nicht, ob jede Anstrengung, der er sich unterzieht, auch einen ausreichenden ‚Genussüberschuss' verspricht. Wenig kümmert er sich um hedonistische Früchte seiner Taten. Er schafft rastlos, weil er nicht anders kann, er lebt nicht dazu, um sich des Erworbenen genießend zu erfreuen" (Schumpeter 1964, S. 137). Letztendlich macht Schumpeter das „soziale Arrangement" der „unendlich mannigfaltigen Motive, die man im Wirtschaftsleben feststellen kann" (Schumpeter 1964, S. 130) für Existenz, Persistenz und Dynamik des Kapitalismus verantwortlich. Deshalb hat Unternehmerhandeln – in der Schumpeter'schen Konzeptionalisierung – sehr viel mit Komponenten einer Erotik des Erfolges und des sportlichen Wettkampfs zu tun hat.

Es ist eine der *Hauptthesen* dieses Buches, dass eine solche akademische Sichtweise, wie sie stellvertretend von Schumpeter und Keynes praktiziert wurde, sich nicht nur mit oben dargestellten Vorstellungen von einem „sozialen System der Produktion" deckt, sondern dass in heutigen Zeiten vor dem Hintergrund stetig steigender Formen von Verflechtung und Komplexität – auch im Zusammenhang mit Globalisierung – die inhaltliche Akzeptanz und analytische Berücksichtigung von sozialen Dimensionen immer stärker indiziert sind. Zwei widersprüchliche Entwicklungslinien sind gegenwärtig zu beobachten: Erstens, die praktische Organisation der akademischen Fächer und die Organisation des universitären Lehrbetriebs bleiben weitestgehend in der Majorität der Disziplinen, wie wir sie auch aus den letzten Jahrzehnten kennen, nämlich traditionell orientiert an den einmal gezogenen Fächergrenzen und den mit ihnen vollzogenen Zuständigkeitsdefinitionen und Kompetenzen, in deren Enge wenig Platz für grenzüberschreitende akademische Synergien ist. Andererseits gibt es zweitens eine Reihe von weltweit identifizierbaren Fachvertretern, die – häufig mit Nobelpreisen der Ökonomik dekoriert – eine eher pragmatisch-innovative Auffrischung und Neuinterpretation der Wirtschaftswissenschaften betreiben, die mal eher aus der Richtung der Historik, mal aus der Psychologie, den Rechtswissenschaften oder weiteren Spezialisierungen kommen. Diese letztgenannten Positionen und deren Autoren repräsentieren moderne Entwicklungen und Neuformulierungen der wirtschaftlichen Thematik, sie haben sehr viel gemeinsam mit den Ausführungen einer integrativen-holistischen Betrachtung des Wirtschaftslebens, ohne dass sie aber in den Lehrbetrieb des Hier und Heute an den Universitäten nennenswert diffundieren. Während das Traditionelle in den Lehrbüchern stetig reproduziert wird, bestimmen Insider und Komitees das Neue und Innovative und vergeben entsprechende Preise (für Konvergenzen und Divergenzen in der Entwicklung der Ökonomik vgl. Haller 2014).

Nehmen wir Keynes analytische Perspektive von Stimmungen oder Schumpeters Perspektive von Motiven der Geltungssucht und des „Erfolg haben Wollens, um des Erfolges willens", wir sehen, dass einige Erklärungen für das relative Funktionieren oder Nichtfunktionieren von Elementen des Wirtschaftslebens außerhalb des traditionell definierten Zuständigkeitsbereichs der Ökonomik angesiedelt ist. Wenn das richtig ist – und hier ist die erste Pointe der bisherigen Überlegungen – muss konsequenterweise auch geschlussfolgert werden, dass akademische *Nicht*ökonomen gelegentlich analytisches Schlüsselpotential für wirtschaftspolitische Fragen und Konzepte bereithalten, das Ökonomen verschlossen ist. Was sich so einfach resümieren lässt, hat freilich Sprengkraft für das traditionelle Verständnis akademisch-politischer Rollenverteilung und Zuarbeit. Dann wäre beispielsweise die Vorstellung, dass die Wirtschaftspolitik und deren Entscheidungsträger sich fachliche Expertise bei der Volkswirtschaftslehre suchen (müssen), nicht mehr zwangsläufig automatisch konsequent, sondern es ließe sich überlegen, ob nicht auch Demographen, Soziologen, Wirtschaftspsychologen, Wirtschaftshistoriker und andere Fachangehörige in der Beurteilung mancher Fragen besser geeignet seien.

Immerhin hatte Werner Sombart, einer der führenden Vertreter der Volkswirtschaftslehre im deutschen Sprachraum in den ersten zwei Jahrzehnten des zwanzigsten Jahrhunderts, deshalb die Ökonomik eher als der Soziologie untergeordnet beschrieben: „Wenn nun Soziologie die Wissenschaft vom menschlichen

Zusammenleben ist, so folgt daraus, dass die Wirtschaftswissenschaft Soziologie ist. Doch ist nicht alle Wirtschaftswissenschaft Soziologie. Nämlich nicht die Wirtschaftsempirie, da wir den Begriff der Soziologie auf die Theorie vom menschlichen Zusammenleben einschränken müssen. Wirtschaftssoziologie ist also gleichbedeutend mit Wirtschaftstheorie oder, wie wir diesen Wissenschaftszweig meist zu nennen pflegen, mit theoretischer Nationalökonomie" (Sombart 1982, S. 216). Ein solches Statement samt entsprechender Argumentation erscheint im 21. Jahrhundert sicherlich aus der Mode mit Blick auf die realen Kräfteverhältnisse. Bedenkt man aber, mit welcher wuchtigen Eindeutigkeit im akademischen Wissenschaftsalltag der Ökonomik die Deutungshochheit und Definitionsmacht bei der Vermessung und Interpretation wirtschaftlicher Tatbestände zugemessen wird, dann versteht sich, warum Autoren wie Mark Granovetter (2000) von einem *wissenschaftlichen Imperialismus der Ökonomik* schreiben, bei dem die Volkswirtschaftslehre als monodisziplinäre Königswissenschaft angesehen wird, der andere akademische Disziplinen bestenfalls zuarbeiten. Von einer Kooperation auf akademischer Augenhöhe ist hier keineswegs die Rede (für Plädoyers vgl. Frey 1999; Mikl-Horke 2008; Preda 2009; Aspers 2011).

Es war Granovetter (2000), der beschrieben hatte, dass viele Konzeptionen in den Sozialwissenschaften dazu neigen, mit Blick auf die Frage von menschlichem Verhalten entweder *über*- oder *unter*sozialisiert zu sein. Bei den untersozialisierten Modellen wird a priori kaum eine relative Autonomie von sozialem Handeln unterstellt, d. h. Verhalten wird mehr oder weniger als Reflex auf externe wirtschaftliche Bedingungen interpretiert, und zwar unabhängig davon, was empirische Befunde der einen oder anderen Art aussagen. Umgekehrt erscheinen in den übersozialisierten Modellen Menschen ausschließlich als normgesteuert und als Sozialisationsreflexe ihrer Umwelt. Es wird relativ schnell klar, dass sowohl theoretisch wie empirisch der Schlüssel zur Realitätsnähe zwischen den beiden Extrema liegen muss: Demnach sind Menschen zwar durch ihre Umwelt sozialisiert und gesteuert, dieses aber nur bis zu einem gewissen Grade. Soziales Handeln, sozialer Wandel und Fortschritt lassen sich demnach nur adäquat erfassen, wenn auch bei allen Kontingenzen Spielräume für Offenheiten und Zufälligkeiten entlang von Entwicklungspfaden gedacht werden können, die nicht von vornherein determiniert sind. Deshalb ist es sinnvoll, von einer *relativen* Autonomie zu sprechen, was Pfadabhängigkeiten und Kontingenzen einerseits und relative Entwicklungsspielräume in jeweils komplexen Szenarien andererseits widerspiegelt.

Ähnlich wie Granovetter (2000) diese Frage mit Blick auf über- und untersozialisierte Modelle diskutierte, lässt sich die Frage von Kultur im Rahmen wirtschaftlicher Entwicklung denken. *Wirtschaft in concreto* und *Gesellschaft in concreto* haben zwangsläufig eine Nähe zu kulturalistischen Betrachtungen, aber damit ist prinzipiell noch nichts über den Determinationsgrad von Kultur ausge-

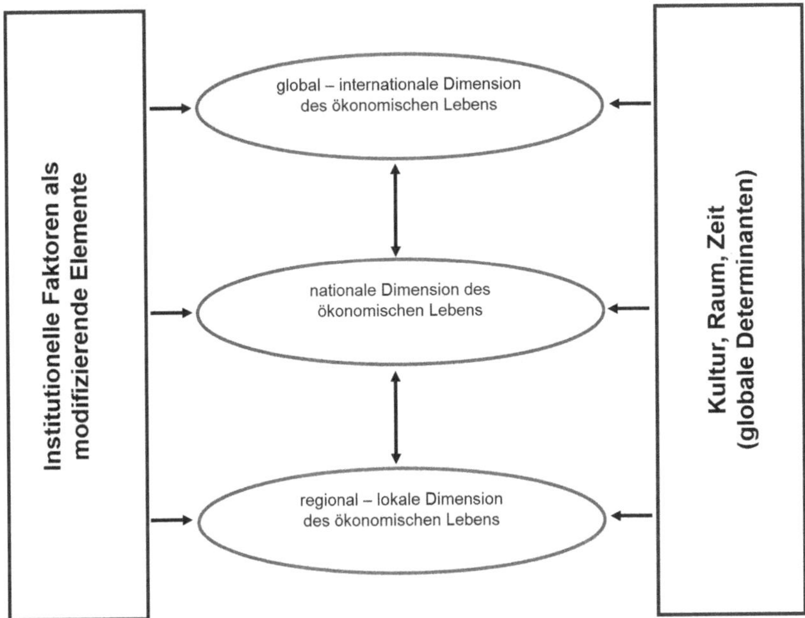

Abb. 1.1 Wirtschaft in institutioneller Eingebundenheit

sagt. Jedenfalls haben Versuche, Kultur als *singuläre* Ursache von Entwicklung zu konzeptualisieren, nicht befriedigen können. Es ist also wichtig, nicht vom „Regen der Vernachlässigung von Kultur" in die „Traufe eines kruden Kulturdeterminismus" zu fallen (Sen 2007, S. 54). Kultur kann nicht losgelöst von einer Vielzahl konkreter Dimensionen des sozialen Lebens gedacht werden, sondern sie fungiert als eine Art Proxy für nicht-wirtschaftliche, also scheinbar „ökonomieexogene" Einflussdimensionen, die „ausgesprochen hilfreich sein (können), um unser Verständnis der Welt zu erhellen, und zwar einschließlich des Vorgangs gesellschaftlicher Entwicklung und der Beschaffenheit unserer Identität" (Sen 2007, S. 46–47).

Die Abb. 1.1 macht deutlich, wie die Organisation von Wirtschaft von diversen Faktoren umrahmt, modifiziert und konstituiert wird, zu denen stets die Raum-Zeit-Kultur-Matrix gehört, der diverse Institutionen inhärent sind: Der Nobelpreisträger der Ökonomik aus dem Jahre 1987 Robert M. Solow formulierte es folgendermaßen: „All narrowly economic activity is embedded in a web of social institutions, customs, beliefs, and attitudes…. Few things should be more interesting to a civilized economic theorist than the opportunity to observe the interplay between social institutions and economic behavior over time and place" (Solow 1985, S. 328–329).

Gesellschaft und Wirtschaft akademisch betrachtet

2

Die Frage nach dem Verhältnis von Soziologie und Ökonomik ist während der letzten einhundert Jahre immer wieder gestellt und praktisch immer wieder anders gelöst worden. Während Max Weber selber Professor für Nationalökonomik war und sein bekanntester – posthum erschienener – Buchtitel „Wirtschaft und Gesellschaft" (1921) die Ökonomie und die Gesellschaft additiv benannte, so als ob hier eine friedliche Koexistenz zwischen den beiden Bereichen Wirtschaft und Gesellschaft herrscht, veränderte die wissenschaftliche Ausdifferenzierung der folgenden Jahrzehnte den akademischen Alltag. Parsons und Smelser schrieben Mitte der 1950er Jahre in ihrem Buch „Economy and Society" (1956), nur wenige Autoren, die in soziologischer Theorie kompetent sind, hätten „any working knowledge of economics, and conversely … few economists have much knowledge of sociology" (Parsons und Smelser 1956).

Durch die Explosion des fachlichen Stoffes einerseits in der Soziologie und andererseits in den Fachgebieten der Wirtschaftswissenschaften, die sich wiederum in die Betriebswirtschaftslehre und die Volkswirtschaftslehre unterteilten, wuchsen die fachimmanenten Spezialisierungen. Die Fächer multiplizierten sich in vertikaler und horizontaler Hinsicht, sogenannte Bindestrichfächer entstanden, die wiederum eigene Universes of Discourses samt eigenen Forschungsorganisationen, weltweiten Konferenzen, Fachzeitschriften, Studienordnungen, Karrieremustern und Publikationsroutinen mit sich brachten. Am Ende ergab sich eine Vulkanisierung der Forschungslandschaft in den Sozial- und Wirtschaftswissenschaften, die die Emergenz zahlreicher Wissensinseln zeigte, bei denen wechselseitige Verbindungslinien und begehbare Brücken des Informations- und Kommunikationsaus-

D. Bögenhold, *Gesellschaft studieren, um Wirtschaft zu verstehen,* essentials,
DOI 10.1007/978-3-658-09194-1_2

tausches immer weniger erkennbar wurden. Mit der organisatorischen und inhaltlichen Zellteilung entwickelte sich ein gewisser Fachautismus in der Konsequenz, die Max Weber bereits in seinem Vortrag „Wissenschaft als Beruf" ([1919], 1988, S. 588) beschrieben hatte, nämlich dass „der einzelne das sichere Bewusstsein, etwas wirklich ganz Vollkommenes auf wissenschaftlichem Gebiet zu leisten, nur im Falle strengster Spezialisierung sich verschaffen kann".

Das Bewusstsein für die fortschreitende Fragmentierung und Parzellierung des wissenschaftlichen Kosmos und die damit einhergehenden Probleme ist vor allem in den letzten zwei Jahrzehnten größer geworden. Zunehmend wird erkannt, dass die Landschaft akademischen Wissens immer vulkanisierter geworden ist und dass Brücken zur wechselseitigen Integration und Kommunikation fehlen. Je komplexer freilich die gesellschaftliche Entwicklung geworden ist, desto interdependenter sind die unterschiedlichen Einheiten der Gesellschaft voneinander: Veränderungen in einem Bereich bedingen Veränderungen in anderen und vice versa. Die Gulbenkian Commission (1996) kam in ihrem Report bereits vor fast 20 Jahren zu dem Schluss, dass Prozesse einer wechselseitigen *Re*-Integration eingeleitet werden müssen, um einem Fachautismus entgegenzuwirken, der Entwicklungen in Nachbarfächern ignoriert und Synergieeffekte ausschließt. Deshalb wird auch gesagt, dass alles relevante Wissen heute von monodisziplinären Wissens*silos* in transdisziplinäre Zusammenhänge übersetzt werden muss (Bastow et al. 2014, Einleitung).

Auch das Junktim von Wirtschaft und Gesellschaft scheint heute wieder neues akademisches Leben zu erhalten. Einmal gibt es zunehmend Prozesse des Unbehagens in der Ökonomik selbst, wo eine lange bestehende Begrifflichkeit der „heterodoxen Ökonomik" gegenwärtig wieder im stärkeren Aufwand ist (Lee 2012; Mearman 2011). Zwar gibt es den Terminus der heterodoxen Ökonomik schon mindestens seit den Anfängen des 20. Jahrhunderts, aber was in früheren Jahrzehnten eine praktizierte *Ko*existenz von Ansätzen war, scheint in neueren Jahren eher als ein bewusstes akademisches Gegenprogramm verstanden zu werden (Bögenhold 2011). Ähnliches lässt sich für den neuen Institutionalismus in der Ökonomik sagen, der – schon in der Begriffswahl – durchaus in der Tradition zum älteren Institutionalismus im letzten Viertel des 19. und beginnenden 20. Jahrhunderts gesehen werden kann. Der *Journal of Economic Literature Code (JEL Code)* führt auch heute die beiden Abkürzungen OIE und NIE als selbstverständliche Abkürungsbezeichnungen für *Old* und *New Institutional Economics* (Kasper et al. 2012). Institutionalistische Ansätze stellen – nomen est omen – stark auf die Relevanz von Institutionen wie dem Rechtssystem, dem kulturellen Kontext und den zeit- und raumbezogenen Spezifika ab, in die Wirtschaftssysteme eingebunden sind (für einen Überblick vgl. Leipold 2006; aktuell Scott 2014).

Die simple Gegenüberstellung von Mainstream-Ökonomik und heterodoxer Ökonomik (Komlos 2014), erscheint in gewisser Weise zu schematisch und krude, da sich vor allem auch die Inhalte und somit das Terrain von Mainstream-Ökonomik ständig verändern (Hodgson 2007). Insofern gibt es in der Ökonomik eine wechselseitige Diffusion zwischen diesen sogenannten zwei „Ökonomiken", die sich stetig verschieben und überlagern. Wissenschaftlicher Fortschritt in den Sozialwissenschaften vollzieht sich gänzlich anders als beispielsweise in der Physik, wo sich wesentlich eher bahnbrechende Erfindungen ereignen, die zu Paradigmaveränderungen führen (Collins 1994). In den Sozialwissenschaften vollziehen sich Veränderungen stets über langdauernde Prozesse von wechselseitigen Interaktionen, Korrekturen und Niveauverschiebungen im Rahmen von Pfadabhängigkeiten, also im Kontext dessen, was den jeweiligen Stand des Denkens und der Diskussion markiert. Wissenschaftlicher Fortschritt ist insofern am ehesten eine Veränderung im Sinne des (Partial-)Überschreibens traditioneller Wissensbestände.

Freilich gibt es auch in der Soziologie verschiedene Argumentationslinien, die sich bewusst über das historisch sich entwickelte Ergebnis an akademischer Differenzierung, Segmentierung und Autonomisierung hinwegsetzen. Luhmanns Formulierung von der „Wirtschaft der Gesellschaft" (Luhmann 1988), in der die Wirtschaft als ein Subsystem der Gesellschaft konzeptualisiert ist, steht dafür programmatisch. „Erst recht halte ich die Unterscheidung wirtschaftlich/sozial/kulturell für irreführend. Alles wirtschaftliche Handeln ist soziales Handeln, daher ist alle Wirtschaft immer auch Vollzug von Gesellschaft. Vielleicht wird das von niemandem bestritten, aber dann sind eben die angeführten Unterscheidungen inadäquat, wenn es darum geht, die Beobachtung und Analyse der wirtschaftlichen Aspekte des gesellschaftlichen Geschehens zu beschreiben. Wir behandeln deshalb die Wirtschaft als Teilsystem der Gesellschaft…" (Luhmann 1988, S. 8). Aber auch die sogenannte „neue Wirtschaftssoziologie" nordamerikanischer Prägung begnügt sich immer weniger mit dem erreichten Status Quo, sondern entwickelt neue Arbeiten in diversen Fachgebieten wie der Sozialökonomik, der Netzwerkanalyse, der historischen Soziologie und Forschungen mit inter- und intranationalen Vergleichen von Sozial-, Wirtschafts- und Erwerbsstrukturen eingebettet in unterschiedliche Kulturen (Bögenhold 2011), die letztlich demonstrieren, dass der Zuschnitt der fachgebietlichen Ressorts in Bewegung ist und sich partiell durchaus auch wieder in Richtung einer partiellen Reintegration bewegt.

Das 21. Jahrhundert blickt auf diese wissenschaftliche Periode der Entwicklung, Ausdifferenzierung und Konsolidierung der Sozialwissenschaften im Laufe des 20. Jahrhunderts zurück. Es scheint nunmehr allerdings eine historische Situation gegeben, in der bilanziert werden kann, um vorherige Entwicklungen auszuleuchten, Potentiale neu zu vermessen und zukünftige Pfade mit Blick auf Innovationschancen kennenzulernen und zu beurteilen. Diskutieren wir die Beziehung von Gesellschaft zu Wirtschaft und vice versa, dann diskutieren wir zwangsläufig auch das Verhältnis von Soziologie zur Wirtschaftswissenschaft. Indem wir das praktizieren, wird unmittelbar deutlich, wie schwierig es bereits ist, über die Gegenstände und deren Grenzen in ihrer einheitlichen Totalität zu sprechen.

Soziologie ist heute ein Fach, das vielfach schattiert ist und mehr an einen Fleckenteppich von diversen Wissensinseln mit eigenen „universes of discourse“ erinnert, als dass es ein kohärentes Ganzes ist. Die *International Sociological Association* (ISA) weist heute knapp 60 eigenständige Research Komitees auf, die häufig ein eigenes akademisches Leben führen, das nicht mehr der wechselseitigen Integration in ein gemeinsames Projekt der Fortführung von Soziologie untergeordnet ist. Von außen betrachtet wird das Fach Soziologie häufig mit soziologischer *Theorie* identifiziert, die aber nur ein einziges Research Komitee ausmacht. Aber selbst bei genauerem Hinsehen ist auch das Feld der soziologischen Theorie kein einheitliches Feld, sondern es ist in diverse konkurrierende Ansätze segmentiert, in denen die Beteiligten separiert voneinander ihren Routinen nachgehen. Die Tatsache beispielsweise, dass Jonathan Turners „The Structure of Sociological Theory“ (1998) 36 Kapitel mit jeweils unterschiedlichen theoretischen Ansätzen aufweist, unterstreicht die Heterogenität bereits in diesem einen Bereich von Soziologie, so dass man nicht umhin kommt zu sagen, dass Soziologie heute in quantitativer, qualitativer und denominatorischer Hinsicht einen breiten Kosmos von Wissensinseln abgibt, zwischen denen nicht notwendigerweise Kommunikation bestehen muss, häufig praktisch gar nicht existiert. So diffizil die Abgrenzung einzelner soziologischer Wissensgebiete zueinander erscheint, so diffizil erscheint auch die Frage nach den äußeren Abgrenzungslinien des Faches Soziologie.

Nicht anders verhält es sich mit der Ökonomik. Die Frage, was der Gegenstand der Ökonomik ist, hat eine lange Tradition. Das häufig zitierte Statement von Jacob Viner „economics is what economists do“ (vgl. Bögenhold 2011) ist unzählige Male als eine Tautologie charakterisiert worden. Sehen wir uns die Aktivitäten von Ökonomen an, dann wird deutlich, dass der Gegenstandsbereich der Ökonomik stets in Veränderung ist. Da keine klaren Grenzen bestehen, die nachvollziehbare Markierungen für das Gebiet der Ökonomik angeben, erleben wir gegenwärtig einen Zustand, der nicht weiterführt, als er mit den traditionellen Statements von Viner oder Knight bezeichnet war.

Auch die fachliche Ordnung und Spezialisierung der Wirtschaftswissenschaften wird durch eine Praxis charakterisiert, die die Vielfalt der wissenschaftlichen Produktion und den zeitweise eher als zufällig anmutenden Fortgang wissenschaftlichen Fortschritts spiegelt. Mit Blick auf die Frage, was Ökonomik ist und wie sie in verschiedene Unterbereiche geordnet ist, lässt sich jedenfalls sagen, dass sich zwei Trends gegenseitig überlagern: Einmal haben wir einen lang anhaltenden Trend der Entwicklung der Ökonomik, in dem das Fach zunehmend an Terrain und Anerkennung hinzugewann und in dem sich parallel ein Prozess der inneren Differenzierung entwickelte. Diese Entwicklung vollzog sich im Zeitraum etwa der letzten 150 Jahre. Das Feld der Ökonomik entwickelte sich zu einem professionellen System mit klaren Curricula, formalen Studienabschlüssen, wissenschaftlich-akademischen Vereinigungen und Fakultäten auf universitärer Ebene mit einer rapide steigenden Zahl an Publikationen und entsprechenden Fachzeitschriften. In demselben Zeitraum etablierten sich Links zu akademischen Nachbarbereichen, wobei die Grenzziehungen neu definiert wurden. Wer über den Verlauf eines Jahrhunderts blickt, sieht rasch, dass die Themengebiete der Ökonomik sich nicht nur verschoben, sondern insgesamt auch multipliziert haben.

Historisch gesehen war das Entstehen der modernen Ökonomik eng verbunden mit dem Aufstieg der Neoklassik, die ihre Grundlagen in der Grenznutzentheorie hatte. Entsprechende Ökonomen versuchten eine Form von Ökonomik auf den Weg zu bringen, die als *theoretisch* und – in diesem Sinne – als universell definiert worden war. „Genuine“ oder „reine“ Ökonomik, wie Walras ([1874] 1954) sie im Streben nach einer theoretisch-gehaltvollen Fassung bezeichnet hatte (englisch: „pure“), war das Credo, Wirtschaftswissenschaft in einer Art zu betreiben, wie es von den Naturwissenschaften bekannt war, nämlich mit klaren Verfahrensweisen und dem Ziel, Gesetze formulieren zu können. Um die Diskussion wirtschaftlicher Tatbestände auf allgemeine und grundsätzliche Aussagen im modernen Kapitalismus beziehen zu können, müssen die formulierten Beziehungszusammenhänge in dem Sinne abstrakt sein, dass sie für *alle* kapitalistischen Wirtschaften gelten, und zwar unabhängig von konkreten Anwendungszeiträumen und Orten. Für das Erreichen eines solchen Abstraktionsniveaus wurde die Verwendung von Mathematik als besonders wichtig angesehen. In diesem Sinne war der Siegeszug neoklassischer Ökonomik auch mit einem Anstieg des Imports der Mathematik als einem Instrument der Formalisierung von Aussagen angesehen. Für die Argumentation eines solchen Mathematisierungsschubs lässt sich die Formulierung von Jevons exemplarisch heranziehen, der in seiner Einleitung schrieb: „It is clear that Economics, if it is to be a science at all, must be a mathematical science“ (Jevons 1871, Einleitung).

Wenn man die vielschichtigen Entwicklungen der Wirtschaftswissenschaften des 20. Jahrhunderts auf einen kurzen Nenner bringen will, so ist die Entstehung und Entwicklung der Neoklassik hier der wichtigste Punkt, den es hervorzuheben gilt. Sie steht heute noch im Vordergrund des klassischen Lehrbuchwissens und dominiert auch weite Teile der nichtuniversitären Öffentlichkeit und offiziellen Wirtschaftspolitik (Freeman 2009; Haller 2014). Formulierungen bezüglich Wachstum,

Preisen, Handel oder Erwerbsarbeit werden meistens auf einer allgemeinen Ebene gemacht, so als ob Wirtschaftsgesellschaften in einem Vakuum existieren, das keine Institutionen und keinen kontextuellen Zeit-Raum-Rahmen hat. „Pure economics" diente als Programm für Abstraktheit, das immer dann Probleme zeigte, wenn es mit empirisch konträren oder uneinheitlichen Daten konfrontiert wurde, da „pure economics" sich auf eine Ökonomie im Vakuum bezog. Dieser Typus an Lehrmeinung entwickelte sich und bekam das gedanklich dominante Paradigma im zwanzigsten Jahrhundert, das im Kern als eine Art akademischer Religion zelebriert wurde (Nelson 2001).

Parallel dazu entstand eine Vielzahl neuer Anwendungsfelder an Ökonomik, die in den Jahrzehnten zuvor nicht existierten, darunter waren z. B. Industrieökonomik, Arbeitsökonomik, Mittelstandsökonomik, Haushaltsökonomik oder Ökonomik des Alterns. Viele weitere Fachgebiete entwickelten sich und dienen als eindrucksvolle Exemplifikationen des generellen Trends von akademischer Spezialisierung und Differenzierung. Von außen *auf* das Fachgebiet der Ökonomik geschaut, dominiert auch heute noch trotz der Vielzahl neuer Bindestrichökonomiken weitestgehend die neoklassische Orthodoxie. Wenn wir über die *Mainstream Ökonomik* sprechen, überlappt das meistens mit prinzipiellen Ideen von neoklassischem Denken, die wir in Reinform heute in den Grundlagenlehrbüchern der volkswirtschaftlichen (Grund)Ausbildung finden.

Die semantische Einheit von Wirtschaft und Gesellschaft hat zwar auch in den Wirtschaftswissenschaften eine lange Tradition, doch diese wurde in dem Prozess, in dem sich Wirtschaftswissenschaft und Soziologie zunehmend getrennt hatten, aufgeweicht. Die Bezüge zur Historik und zur Soziologie gerieten ins Hintertreffen und die Ökonomik wurde zu einer Monodisziplin. „*How Economics forgot History*" (Hodgson 2001) beschreibt einen Teil dieser Entwicklung. Im Bestreben um eine große Reichweite von Theorien wurden Theoreme eben zunehmend abstrakter formuliert, um sie genereller zu machen (Morgan 2012). Mit der Galanterie der verwandten Modelle unter Einsatz mathematischer und ökonometrischer Verfahren stieg auch deren Fragilität, da Aussagen häufig auf wenigen Axiomen beruhten (Mikl-Horke 1999, Kap. 13, 2008).

Wir finden heute eine Reihe von kritischen Stimmen, die nicht nur von den Rändern, sondern durchaus auch aus der Mitte des Faches der Ökonomik selbst kommen, die kritisch mit dem eigenen akademischen Fach selbst umgehen: „Modern Economics is sick. Economics has increasingly become an intellectual game played for its own sake and not for its practical consequences for understanding the economic world. Economists have converterd the subject into a sort of social mathematics in which analytical rigour is everything and practical relevance nothing" (Blaug 1997, S. 3). Ähnlich schließt hier Solow an, wenn er formuliert, „the attempt to construct economics as an axiomatically based hard science is doomed to fail“ (Solow 1985, S. 328).

Das erklärte Ziel vieler Theoretiker in der Ökonomik liegt im Streben nach Formalisierung von Aussagen, bei denen Raum- und Zeit-Phänomene tendenziell vernachlässigt werden sollen, damit die erzielten Theoreme möglichst universell und ahistorisch erscheinen. Dabei zeigt sich dann neuerdings bei Ökonomen auch eine zunehmende *A*-Historisierung mit der Theoriegeschichte des eigenen Faches: Weitestgehend „prowess with formal technique has replaced the broader intuitive, methodological and historical intellectual grounding required of the great economist. Such qualities were emphasized and personified by both Alfred Marshall and John Maynard Keynes. Today, economists are no longer systematically educated in economic history, the philosophy of science or the history of their own discipline“ (Hodgson 2007, S. 19). Die Pointe ist, dass gegenwärtige Absolventen wirtschaftswissenschaftlicher Studien heute eher in der Anwendung mathematischer Verfahren, der Anwendung von Statistik und anspruchsvollen Computersimulationen als in der Entwicklungsgeschichte des eigenen Faches Exzellenz zeigen. Während in der Mathematik die Anwendung des großen Einmaleins auf der Beherrschung des kleinen Einmaleins aufbaut, scheint es in der heutigen Ökonomik so zu sein, als wenn die elementaren Entwicklungsschritte der ökonomischen Ideengeschichte übersprungen werden könnten: Wer heutige moderne Ökonomen fragt, wie viele Texte sie von Autoren wie Menger, Marschall, Keynes, Schumpeter oder Hayek gelesen haben, wird im Regelfall auf eine – erstaunlich – geringe Zahl treffen. In anderen Worten: „Recruitment and professional advancement are generally on the basis of technical competence, rather than knowledge of the real economy or of the evolution of economics as a discipline. This bias towards formalism has become deeply ingrained and institutionalized in the academy. It is compounded by the fragmentation of the profession into technical specialisms, often lacking the generalist background that enables communication and synthetic advance“ (Hodgson 2007, S. 19). Dabei muss betont werden, dass Statistik und mathematische Verfahren auf gegenwärtig elaboriertem Stand für die moderne Ökonomik sicherlich wertvoll und unverzichtbar sind (Weintraub 2002), aber Zwecke dürfen nicht zu Selbstzwecken werden und Datengenerierungen und -auswertungen müssen auf anspruchsvolle theoretische Fragestellungen rückbezogen werden (können).

3 Divergenzen und Pluralität in der Wirtschaftswissenschaft

Der skizzierte Trend zum abstrakten Formalismus (Lachmann 1975, 1950) war der Zug der Zeit, von dem es freilich immer wieder abweichende Positionen gab. Formulierungen, dass „Wirtschaft ohne menschliche Betätigung und Kommunikation nicht denkbar ist“ (Winkel 1980, S. 14) und dass „alles, was in der Wirtschaft geschieht, das Ergebnis menschlicher Entschlüsse und menschlichen Handelns ist [...]“ (Preiser 1992) blieben zunehmend in der Minderheit. Im Bestreben nach einer möglichst hohen Geltung operierte die Mainstreamökonomik neoklassischer Prägung mit dem Theorem eines *homo oeconomicus*, der selber kritisiert wurde: Die Annahme eines rationalen, nutzenmaximierenden Verhaltens mit vorgegebenen und im zeitlichen Ablauf konstanten Präferenzen einerseits, die Orientierung auf ein Wirtschaftssystem im Gleichgewicht andererseits und schließlich die fehlende Berücksichtigung von Informationsdefiziten sind die Haupteinwände gegenüber traditionellen Mainstreamkonzepten (Hodgson 2004). Moderne Ökonomien und deren inhärenter Wettbewerb können nicht adäquat konzeptualisiert werden, wenn man nicht Informationsasymetrien a priori berücksichtigt, die in vielerlei Hinsicht erst die Triebfeder für Dynamik ausmachen.

Gegen die Figur des *homo oeconomicus* gibt es in der Ökonomik eine längere Tradition an kritischen Einwänden, die sich bereits in den Anfängen des 20. Jahrhunderts abbilden lässt (Dorfman 1946–1959). Diese gedankliche Strömung wurde schon damals als „heterodox economics“ bezeichnet, eine Begrifflichkeit, die neuerdings wieder stärker Furore macht (Lee 2009; Becker et al. 2009). Das Paradoxon in der Ökonomik seit einigen Jahrzehnten ist, dass eine Koexistenz zwischen klassischen Ansätzen in der Ökonomik im Sinne traditionellen Lehrbuchwissens

D. Bögenhold, *Gesellschaft studieren, um Wirtschaft zu verstehen,* essentials,
DOI 10.1007/978-3-658-09194-1_3

und von Kritik im Sinne von „heterodox economics" gibt, die durch renomierte Preise in der Fachöffentlichkeit hervorgehoben werden. So hatte beispielsweise Simon bereits im Jahre 1978 einen Nobelpreis für seine Arbeiten auf dem Gebiet der Entscheidungstheorie erhalten, die unter der Begrifflichkeit von der „bounded rationality" (Simon 1982) bekannt wurden. Dennoch wurde das Konzept des *homo oeconomicus* im Wissenschaftsalltag keineswegs radikal renoviert. Wer die Vergabepraxis der Nobelpreise für Wirtschaftswissenschaften seit den frühen 1990er Jahren untersucht (Vane und Mulhearn 2005) wird feststellen, dass immer öfter Fachvertreter ausgezeichnet wurden, deren Forschungsprogramm starke sozialwissenschaftliche Züge aufwiesen.

Douglass North, Nobelpreisträger des Jahres 1993, formulierte beispielsweise die Notwendigkeit seitens der Ökonomik, sich gegenüber Nachbardisziplinen zu öffnen, nicht nur in Richtung der Soziologie, sondern auch in Richtung der Psychologie und anderer Kognitionswissenschaften. „Although I know of very few economists who really believe that the behavioral assumptions of economics accurately reflect human behavior, they do (mostly) believe that such assumptions are useful for building models of market behavior in economics and, though less useful, are still the best game in town for studying politics and the other social sciences. I believe that these traditional behavioral assumptions have prevented economists from coming to grips with some very fundamental issues and that a modification of these assumptions is essential to further progress in the social sciences. The motivation of these actors is more complicated (and their preferences less stable) than assumed in received theory. More controversial (and less understood) among the behavioral assumptions, usually, is the implicit one that the actors possess cognitive systems that provide true models of the worlds about which they make choices…" (North 1990, S. 17). An diesen Formulierungen wird deutlich, dass es Ökonomen gibt, die explizit nach verhaltenswissenschaftlichen Grundlagen von sozialem Handeln fragen. Kognitive Systeme und Fragen von Motivation erscheinen als Schlüsselelemente für Fortschritte in der Analyse der sozioökonomischer Dynamik.

Motivation und Kognition in Wirtschaft und Gesellschaft

4

Zuvor sahen wir, wie der „Faktor Kultur" inter- und intranational dafür verantwortlich ist, dass Wirtschaftssysteme und der Vollzug von Wirtschaft sich in spezifischer Art unterscheiden bzw. dass der „Faktor Kultur" geradezu das Spiegelbild dieser Unterschiede ist. Damit ergeben sich zwangsläufig auch Unterschiede in der Art und Weise, wie Menschen handeln, wie sie im Wirtschaftsleben interagieren und – vice versa – welchen Sinn sie dem Leben beimessen. Das ist in anderen Worten die Frage nach der Rationalität von Handeln, wie vernünftig das Handeln ist und welche Maßstäbe überhaupt den Grad von Vernünftigkeit angeben.

Wenn in der Ökonomik lauter die Frage nach Motiven gestellt wird, so trifft sich das exakt mit der Thematik, die in der Soziologie zunächst ausführlich bei Max Weber in seiner Kategorienlehre über den „‚Sinn' sozialen Handelns" (Weber 1972, Teil I, Kap. 1) Gegenstand war, und später dann vor allem in der Phänomenologie und Wissenssoziologie behandelt wurde, wo explizit nach den Relevanzstrukturen menschlichen Handelns gefragt wird (Schütz 1971; Berger und Luckmann 1966; Knoblauch 2005). Das Handeln von Menschen unterscheidet sich von Prozessen in der physischen Welt dadurch, dass es von Motivation getrieben wird. Motivation ist in einen sozialen Rahmen von sozialen Zielen und entsprechenden Präferenzen integriert. Besonders die Phänomenologie beschreibt sehr deutlich, dass soziales Handeln von einer Relevanzstruktur gesteuert wird, die Menschen Sinn zuweist und die wie ein normativer Kompass wirkt, der vorgibt, welche Ziele positiv, neutral oder negativ sind und wie sich spezifische soziale Handlungen dazu verhalten. In verschiedenen Konstruktionen der alltäglichen Wirklichkeit haben sie ihre Welt im Voraus gegliedert und interpretiert, und es sind gedankliche Gegen-

D. Bögenhold, *Gesellschaft studieren, um Wirtschaft zu verstehen,* essentials,
DOI 10.1007/978-3-658-09194-1_4

stände dieser Art, die ihr Verhalten bestimmen, ihre Handlungsziele definieren und die Mittel zur Realisierung solcher Ziele vorschreiben (Schütz 1971; zuerst 1953).

Ausdrücke von Vernunft können sich gemäß verschiedener sozialer Logiken in einer Gesellschaft und zwischen verschiedenen Gesellschaften unterscheiden, und zwar in gegenwärtigen wie auch historischen Gesellschaften. Auch die Philosophie hat sich mit dieser Thematik beschäftigt und vor allem Karl Popper diskutierte in seinem kritischen Rationalismus die Relativität von Vernunft in großer Breite und Tiefe (Popper 1959).

In der Soziologie war Max Weber unter den ersten Autoren, die verschiedene Einflussbasen konzeptualisierten, die soziales Handeln mit Sinn speisen. Während Karl Marx und besonders marxistisches Denken die Welt der Gedanken und Bewußtsein als eine Art Reflex auf die materiellen Bedingungen in der Gesellschaft idealisierten, die wie ein Eins-zu-Eins-Entsprechungsverhältnis zu den Produktionsverhältnissen determiniert sind, war Max Weber (1972) von der Annahme geleitet, dass Bewußtsein niemals „richtig" oder „falsch" ist, sondern immer eine (relative) Autonomie gegenüber dem Status hat, der mit der materiellen Welt verbunden ist. Kulturelle Faktoren einschließlich Religion und damit verbundenen Dispositionen sind Faktoren, die gemäß Max Weber die Rationalität von sozialem Verhalten beeinflussen. So hatte er eine Typologie von sozialer Handlung entwickelt, die auf unterschiedlichen Gründen der Legitimation von Handlung basierte. Dazu gehörten traditionales Handeln (vollzogene Handlungen auf der Basis von Tradition und kulturellen Normen), affektives soziales Handeln (Handlungen unmittelbar auf Emotionen basierend), instrumentelles und zweckgerichtetes soziales Handeln („Zweckrationalität") und wertrationales Handeln („Wertrationalität"), bei denen der Zweck die Mittel bestimmt. Gemäß dieser Typologie gibt es nicht einen einzigen Durchschnittstypus von Rationalität.

Wenn wir Rationalität als Treiber sozialen Handelns denken, impliziert das jedoch keineswegs, dass Menschen auch immer die einzelnen Elemente der Kräfte entschlüsseln können, durch die sie bestimmt und geleitet werden. „Das reale Handeln verläuft in der großen Masse seiner Fälle in dumpfer Halbbewusstheit seines ‚gemeinten Sinns'. Der Handelnde ‚fühlt' ihn mehr unbestimmt, als dass er ihn wüsste oder ‚sich klar machte', handelt in der Mehrzahl der Fälle triebhaft oder gewohnheitsmäßig.... Wirklich effektiv, d. h. voll bewusst und klar, sinnhaftes Handeln ist in der Realität stets nur ein Grenzfall" (Weber 1972, S. 10). Die Soziologie kennt den Terminus des Habitus, der auf tief internalisierte Handlungsroutinen verweist, die helfen, das Alltagsleben zu „managen", Habitus ist gewissermaßen eine Sparmaßnahme, um Handlungen durchzuführen, ohne dass stets auf's Neue ein Begründungszusammenhang hergestellt und abgefragt wird (Berger und Luckmann 1966). Im Gegensatz zur Praxis in der Soziologie verweist die Psychologie auf die Sphäre des Unterbewusstseins, das das Verhalten von Menschen beeinflusst, ohne dass sich die Akteure dessen vollständig bewusst sind und ohne dass sie volle Kontrolle auf die Entscheidungen haben, wie Sigmund Freud (Freud 2014) das zuerst erklärt hatte.

Mit Blick auf Präferenzen in Kombination mit Lebensstilen, Bedürfnissen und Verhalten war es der Sozialpsychologe Maslow (1954), der ein Schema von verschiedenen Stufen entwickelt hatte, die spezifische Ziele für menschliches Verhalten setzen, das er in der Form einer Pyramide gerankt hatte. Gemäß Maslow versuchen Menschen zunächst, die Basisbedürfnisse zu befriedigen, während sie später dann versuchen, darauf aufbauend mit elaborierteren Bedürfnissen umzugehen. Viel früher operierte bereits Carl Menger (1923), der die Grenznutzentheorie zeitgleich mit anderen Kollegen aufgestellt hatte, mit einer solchen Vorstellung einer Stufenleiter von Bedürfnissen, die auf axiomatischen Grundannahmen von der Natur des Menschen basierte, während die typische Denkfigur in der Neoklassik dazu tendierte, den menschlichen Akteur zu der Figur des economic man und einer korrespondierenden Stereotype des sogenannten *homo oeconomicus* zu reduzieren, der als eine egoistische und profitmaximierende Figur porträtiert wird, die keine andere Basis von Verhalten hat und kennt. Dabei hatte Max Weber rechtzeitig darauf verwiesen, dass die Nationalökonomik mit einem unrealistischen Menschenbild operiert, das „analog einer mathematischen Idealfigur" (Weber 1990, S. 30) ist.

5 Wider den *Homo Oeconomicus*: Bounded Rationality

Der *homo oeconomicus* war sogenanntes Textbuchwissen über Jahrzehnte bis die Zweifel immer unüberhörbarer wurden, auch in der Ökonomik selber (Kirchgässner 2000). Simon (1982), Nobelpreisträger der Wirtschaftswissenschaften in 1978, hatte den Terminus der begrenzten Rationalität („bounded rationality") eingeführt, der unterstrich, dass Rationalität in Zusammenhang mit einem Typus von Verhalten komplexer ist, als die Abstraktion gewöhnlich suggeriert. Der Terminus der Bounded Rationality entwickelte sich zu einer Art gemeinsamen Programm für diverse Argumente gegen die Konzeption des *homo oeconomicus* in der Neoklassik. Simon führte theoretische Arbeiten durch und entwickelte auch empirische Studien, wobei er zu den ersten Autoren gehörte, die große Datensamples mit Hilfe von Computersimulationen nutzten.

Simon trug wesentlich zum Fachgebiet der Entscheidungstheorie bei. Er wird aus dem Blickwinkel verschiedener Fächer als ein wichtiger Autor betrachtet, so beispielsweise von der Philosophie, der Psychologie, der Organisationstheorie und der Ökonomik. Seine grundsätzliche Forschungsperspektive kann mit folgender Frage beschrieben werden: „How do human beings reason when the conditions for rationality postulated by neoclassical economics are not met?" (Simon 1989, S. 377). Simon kritisierte das neoklassische Modell von Entscheidungsprozessen, das auf der Annahme des *homo oeconomicus* fußt. Demgegenüber führt das Modell der Bounded Rationality drei Annahmen an: I.) Agenten handeln häufig in einer Art, die als nicht-rationales Verhalten beschrieben werden kann, das von Emotionen bestimmt wird; II.) der Gebrauch von Bounded Rationality betont, dass der Zugang zu Information begrenzt ist, da nicht alle Menschen dieselben Teilin-

D. Bögenhold, *Gesellschaft studieren, um Wirtschaft zu verstehen,* essentials,
DOI 10.1007/978-3-658-09194-1_5

formationen haben, die notwendig sind, um zwischen Alternativen zu entscheiden, um das beste Resultat zu erreichen; III.) auch in einer Situation von gleichmäßig verteilten Informationen unterscheiden Menschen sich mit Blick auf ihre kognitiven Fähigkeiten und ihre begrenzten Talente, die einzige beste Lösung bei einem gegebenen Problem unter denselben vorliegenden Informationen zu finden. Gemäß diesem Szenario sind optimale Lösungen vage und schwer zu kalkulieren so dass Simon formuliert, dass Menschen bei der Entscheidungsfindung versuchen, eine Praxis des „satisfice" auszuüben, eine Wortkreuzung zwischen „satisfy" und „suffice" (Simon 1972, S. 176), also Entscheidungen zu treffen, die – häufig auch unter Zeitdruck – zweit- oder drittbeste Lösungen bieten. Nicht alle Aspekte der Anforderung konkreter Entscheidungen können adäquat von Menschen analysiert werden, da das Treffen von rationalen Entscheidungen durch eingeschränkte Fähigkeiten und Umsetzungsmöglichkeiten limitiert ist. Die Folge ist eben die eingeschränkte Rationalität („bounded rationality") (Simon 1971). Die Prozesse der Entscheidungsfindung sind von psychischen Prozessen bestimmt, mit Faktoren wie Risiko und Unsicherheit bei allgemein hohen Graden von Komplexität umzugehen. Der Entscheider vermutet komplementäre Effekte von Entscheidungen, kann diese aber nicht ausreichend antizipieren (Simon 1972). Vor allem liegt ein Hauptfaktor des Phänomens von bounded rationality in der begrenzten Informationskapazität und der begrenzten Verarbeitungsgeschwindigkeit von Informationen. Die Umwelt enthält zu viele Informationsfragmente, so dass Menschen die entsprechende Komplexität und damit verbundene Unsicherheiten reduzieren müssen, um angesichts begrenzter Zeitressourcen überhaupt zu letztlichen Entscheidungen zu gelangen (Simon 1962).

Simon reflektiert, wenn wir die Überlegungen hier zusammenfassen, über die Mainstreamökonomik, die mit Konzeptionen des „economic man" operiert, der wirtschaftlich engagiert und rational ist. Dabei bezieht Simon diese Vorstellungen auch auf den Bruder (Simon) des „economic man", den er als den „administrative man" bezeichnet, weshalb beide Typen modifiziert und neu formuliert werden müssten (Simon 1955, S. 99). Die Entwicklung von Organisationen ist ein notwendiger Effekt von komplexen Umwelten mit überbordenden Informationskapazitäten. Innerhalb organisatorischer Settings gehören Faktoren wie Spezialisierung, Standardisierung, Herrschaft und Macht, Identifikation und Kommunikation zu den Dingen, die den „administrative man" in seiner/ihrer Autonomie begrenzen und auch porträtieren (Simon 1971, S. 102–103). Simon argumentiert zugunsten eines angemesseneren Verständnisses von Lernprozessen, aber auch der Evolution von Verhaltensprozessen. Simon wurde auch deshalb so bekannt, da die Implikationen seiner Argumentation als zentrale Messages angesehen wurden: Ökonomik basiert zu oft auf Vorstellungen von rationalem Verhalten, die eine zu große Vereinfachung darstellen. Gemäß Simon besteht die Aufgabe darin, „to replace the global rationality of economic man with a kind of rational behavior that is compatible with the access of information and the computational capacities that are actually possessed by organisms, including man, in the kinds of environments in which such organisms exist“ (Simon 1955, S. 99).

Rationalität und Irrationalität

6

Simon kam akademisch aus der Psychologie, und später waren es andere Psychologen, die hier anknüpften, indem sie auf die Notwendigkeit verwiesen, realistischere Annahmen vom Menschen und dessen Rationalität einzuführen. Der Psychologe und Nobelpreisträger der Wirtschaftswissenschaften Kahneman (2012) erweiterte eine solche Argumentation, indem er auf Normen und weitere Variablen verwies, die menschliches Verhalten und dementsprechend auch die Definition von (rationalem) Verhalten beeinflussen. Kahneman argumentiert, dass soziales Handeln als eine Wahl zwischen Alternativen behandelt werden muss und deswegen sind auch Vorhersagen von sozialem Verhalten schwierig, denn Menschen handeln oft intutiv und sind von Emotionen geleitet: „The central characteristic of agents is not that they reason poorly but that they act intuitively. And the behavior of these agents is not guided by what they are able to compute but what they happen to see at a given moment" (Kahneman 2003, S. 1469). Das Wort „rational" steht für das Adjektiv vernünftig in der Umgangssprache, aber es hat für Ökonomen und Entscheidungstheoretiker eine andere Konnotation. „The only test of rationality is not whether a person's beliefs and preferences are reasonable, but whether they are internally consistent. A rational person can believe in ghosts so long as all her other beliefs are consistent with the existence of ghosts. A rational person can prefer being hated or being loved, so long as his preferences are consistent. Rationality is logical coherence – reasonable or not" (Kahneman 2012, S. 411).

Was Kahneman hier unterstreicht, nämlich dass es auf die Konsistenz von Deutungssystemen ankommt und dass es problematisch ist, Termini der Irrationalität zu verwenden, das hatte Ludwig von Mises (1933) bereits viel früher herausgear-

D. Bögenhold, *Gesellschaft studieren, um Wirtschaft zu verstehen,* essentials,
DOI 10.1007/978-3-658-09194-1_6

beitet. In seiner *Praxeologie* kritisierte dieser Max Webers Typenbildung sozialen Handelns, da Mises betonte, dass die von Weber postulierten Typen in der Praxis sehr diffus seien und sich verschiedene Fermente sozialen Handelns wechselseitig überlagern. Weiterhin wendet Mises sich gegen den Terminus des rationalen Handelns, der im Verständnis von Mises ein „Wertungsakt" sei. Umgekehrt, so formuliert Mises, dürfe auch sogenanntes irrationales Handeln nicht als solches verstanden werden, da sich in der Formulierung lediglich eine qualifizierende Wertung des Beobachters ausdrückt.

Die Nobelpreisträger der Wirtschaftswissenschaften Akerlof und Shiller (2009) formulierten ebenfalls, dass die Ökonomik zu inaktiv sei im Hinblick auf eine sachgerechte Betonung und Berücksichtigung von Fragen der Motivation menschliches Handelns und der inhärenten Analyse dieser Faktoren. Immer wieder wird argumentiert, dass die Ökonomik gegenüber einer Öffnung in Richtung von verhaltenswissenschaftlichen und kognitiven Ansätzen interessierter zu sein hat (Akerlof 2007; Akerlof und Kranton 2000; Akerlof und Shiller 2009; Gigerenzer 2013), um den Trend der Ökonomik von einer Ideenwelt des abstrakten Modellierens in Richtung realistischerer Perzeptionen zu forcieren. Diese Stimmen wurden zu einem Kredo der „new economics". Die an Keynes frühere Formulierung von den „Animal Spirits" neu aufgenommenen Diskussionen bei Akerlof und Shiller (2009) und deren enorme Resonanz in der Fachöffentlichkeit (Aggarwal 2014), zeigen, wie stark wirtschaftspsychologische Dimensionen in die Analyse einzubeziehen sind. Es ist dabei eine Pointe, dass diese Tatsache in der Domäne der Wirtschaftspsychologie selber nomen est omen selbstverständlich ist (Pelzmann 2010).

Angesichts der Tatsache, dass menschliches Verhalten sich als zunehmend komplexer zeigt, kann es immer weniger mit monokausalen und linearen Annahmen eines rationale Akteurs beschrieben werden, der im luftleeren Raum ohne sozialen Kontext lebt. Wenn der Akteur keine Institutionen und sozialen Normen kennt und auch keine sozialen Attribute wie Alter, Biographie und Lebensgeschichte, keine Familie und kein Geschlecht hat, keinen Beruf und keine Berufsausbildung und keine spezifischen Koordinaten von Raum und Zeit aufweist, dann erscheint das Konzept von Rationalität als ein eher vager und leerer Terminus. Bögenhold, Heinonen und Akola (2014) zeigten, dass selbst Untergruppierungen von Freiberuflern (etwa Künstler, Journalisten oder Dolmetscher) gelegentlich ein gänzlich unterschiedliches Verhalten auf dem Arbeitsmarkt zeigen während Baur et al. (2014) das sogar für die Berufsgruppierungen der Friseure zeigen konnten, die sich je nach ihren sozioregionalen Kontexten teilweise gänzlich anders fühlten und verhielten.

Ein Weg, um diesem Dilemma zu entkommen, wurde von Gary Becker, Nobelpreisträger der Ökonomik des Jahres 1992, gewählt, indem er feststellte, dass „behavior is driven by a much richer set of values and preferences" (Becker

1995, S. 385) aber gemäß Becker basieren letztlich alle Entscheidungen – auch die scheinbar nichtrationalen – auf rationale egoistischen Entscheidungen. Becker wendet beträchtliche Anstrengungen auf, seine Grundkonzeptionen an verschiedenen Beispielen wie Heiratsverhalten, Muster von Sportverhalten, Restaurantbesuchen oder Familienplanungsmustern zu exemplifizieren, aber schlussendlich erscheint das Verständnis von Rationalität in gewisser Weise selbstreferentiell und tautologisch, da alle Handlungen das Ergebnis von rationalen Entscheidungen zu sein scheinen. Wenn alle Emotionen zu Elementen von Rationalität definiert werden, wird der Rationalitätsbegriff an sich überfällig und inhaltsarm. Dann wird das traditionelle Verständnis von Vernunft oder Rationalität zu einem bloßen Ersatz für den Terminus von Verhalten.

Ein anderer Weg, das Verständnis von Motivation und Rationalität voranzutreiben, liegt im expliziten Adressieren von Emotionen als einem separaten Forschungsfeld, wie besonders Jon Elster (1983, 1999) das als Soziologe praktiziert hat. Elster nahm einige argumentative Diskussionsfäden auf, die bis zu den Klassikern wie Georg Simmel, Max Weber oder Norbert Elias und Ervin Goffman zurückreichen, und entwickelte seinen eigenen Diskurs zu Rationalität und Emotionen. Seitdem hat sich die Soziologie der Emotionen deutlich weiter etabliert (s. Senge und Schützeichel, Hg. 2013). In der *American Sociological Association* wurde im Jahre 1986 ein Research Committee zu Emotionen gegründet und zwei Jahre davor in 1984 entstand die *International Society of Research on Emotions.* Menschen haben stets Motive, die als rational oder irrational von Beobachtern klassifiziert werden können (Lauterbach 1962; Rabin 1998), und Menschen haben Emotionen, durch die sie positiv oder negativ beherrscht und getrieben werden. Liebe, Hass, Neid oder Eifersucht sind Beispiele von menschlichen Empfindungen und Verhaltensweisen dieser Art. Menschen lieben andere Menschen, aber sie töten auch Menschen gelegentlich andernorts, sie nehmen an Lotterien teil, machen Geschenke, gehen zu großen Fußballspielen, gelegentlich auch nur, um Anhänger des anderen Teams mit Aggressionen zu konfrontieren, alle diese Dinge könnte man als reale Phänomene menschlicher Existenz bezeichnen (vgl. für Emotionen Turner und Stets 2009; Stets und Turner 2007). Hier überlagern und mischen sich verschiedene akademische Disziplinen und das Thema hat während des letzten Jahrzehnts beträchtliche Aufmerksamkeit erhalten (Scherer 2011; Schülein 2014; in den Kulturwissenschaften vgl. Bachmann-Medick 2014). Allerdings muss bedacht werden, dass wir bei der Diskussion von Rationalität (oder auch Nichtrationalität) davon ausgehen, dass wir wissen, wie Menschen denken. In diesem Sinne fungiert das Gehirn wie eine Black Box. Soziologie, Psychologie oder Ökonomik bewegen sich zunehmend in neue Richtungen und dabei auch in Verschränkungen mit den Neurowissenschaften, indem nach den neurologischen und biologischen Grundlagen von Entscheidungen gefragt wird. Verschiedene Thematiken wie Glücklichsein oder das Vermögen, Vertrauen aufzubauen, können auch in Zusammenhang mit Fragen nach den Arbeitsweisen des Gehirns gestellt werden. Kognitive Neurowissenschaften beschäftigen sich heute sehr viel profunder mit Fragen der Erinnerung(sfähigkeit), Geschwindigkeit zu denken, Kreativität, Aufmerksamkeit oder Flexibilität, als frühere Diskussionen das in dieser Art konnten. Zukünftige Diskussionen sollten diese Entwicklungen berücksichtigen und nicht davon ausgehen, dass man wisse, wie das Gehirn funktioniert (Fehr und Rangel 2011). Viele Verhaltenszustände koinzidieren auch mit spezifischen hormonellen Zuständen und lassen sich solchermaßen messen (Eisenegger et al. 2011). Entscheidungen sind häufig durch Neurotransmitter und Neuromodulatoren prädisponiert, über deren genaue Wirkungsweise nur unzureichendes Wissen besteht. Weiterhin ist von großem Interesse herauszufinden, in welchem Maße Verhalten sozial gelernt und in soziale Kontexte integriert ist (Lagueux 2010).

7 Geheimnisse von Entwicklung und Wachstum

Akerlof verwies auch auf kulturelle Kontexte, die unterschiedliche kulturelle Normen mit sich bringen (Akerlof 2007, S. 10), die die Diskussion wiederum in Richtung des Gegenstands von Kultur öffnen. Kulturen mit ihren entsprechenden Zeiten und Räumen – und hier schließt sich der Kreis zu der eingangs eröffneten Diskussion – bringen unterschiedliche Kalküle von individueller Rationalität mit sich (Gonzáles 2012). Wenn wir Kultur als eine analytische Variable nehmen, indiziert das unterschiedliche Settings von Normen und entsprechendem Verhalten (North 1990; Jones 2006). Demnach fungiert Kultur als ein Rahmen von und für Verhalten und ist ein Faktor, der für reale Wirtschaften und Gesellschaften – im Gegensatz zu abstrakten – steht. Der Historiker David Landes spitzte diese Art von Aussage folgendermaßen zu: „Culture makes almost all the difference." (Landes 2000, S. 2). Wenn dem zuzustimmen ist, dann muss eine Schlussfolgerung lauten, dass nicht nur die Soziologie, sondern auch die Geschichtswissenschaft von großem Belang ist, um sozioökonomische Abläufe adäquat zu untersuchen. Wirtschaftshistoriker betonen immer wieder die große Bedeutung von „cultural factors in economic growth" (Cochran 1960) und folgern im nächsten Schritt der Argumentation, dass die „really fundamental problems of economic growth are non-economic" (Buchanan und Ellis 1955, S. 405). Mit anderen Worten: Konkrete historische Veränderungen bringen in Verbindung mit unterschiedlichen institutionellen Arrangements (Rechts-, Ausbildungs-, Arbeitsmarktsysteme, Systeme industrieller Beziehungen, Familiensysteme und Wirtschaftsethiken und religiösen Dispositionen) unterschiedliche Farben verschiedener Varianten von Kapitalismus

D. Bögenhold, *Gesellschaft studieren, um Wirtschaft zu verstehen,* essentials,
DOI 10.1007/978-3-658-09194-1_7

mit sich. Demzufolge erscheint das Wesen eines Kapitalismus in Singapur anders als Kapitalismus in Sambia oder in der Schweiz.

In der Tat ist es in dieser Hinsicht mittlerweile nicht primär die Frage, des „Does culture matter?" (Harrison und Huntington 2000), sondern vielmehr die des „How does culture matter?" (Sen 2007 s. o.). Wenn wir diese Frage nach der Kultur Ernst nehmen, ergibt sich zwangsläufig der Link zur Frage von (Ir-)Rationalität. Bereits Schumpeter, der nicht nur selber über „The Meaning of Rationality in the Social Sciences" (Schumpeter 1991) publiziert hatte, sagte in einer seiner ökonomischen Studien des Wirtschaftslebens und des Unternehmerverhaltens, dass der Unternehmer „irrational oder von einem andersgearteten Rationalismus" (s. oben) sei. Mit anderen Worten, wir müssen Motivationskomplexe sozioökonomischen Handelns nicht a priori als bekannt voraussetzen, sondern forschungsspezifisch zum Thema par excellence machen, um die Fermente wirtschaftlicher und gesellschaftlicher Dynamik stärker zu erforschen: Warum machen Menschen das, was sie tun, in welchen Kontexten agieren sie wie und warum?

Eine stärkere Berücksichtigung von Raum- und Zeitkoordinaten (Ostrom 2005) erfordert *sozio*ökonomische Perzeptionen, die sich auch in den Diskussionen über Pfadabhängigkeit widerspiegeln (David 2007). Wer das Thema der Pfadabhängigkeit als ein wichtiges Forschungsthema respektiert, der respektiert auch, dass reale Wirtschaften von konkreten Zeit- und Raumkoordinaten geprägt sind (Ostrom 2005; Acemoglu et al. 2005). Eine Chance für die Schärfung soziologischen Profils liegt in der *Historisierung*. Konzepte von Pfadabhängigkeit sind in diesem Zusammenhang der Bemühungen um Dynamisierung zu lesen. Ein anderes Anwendungsfeld, an der solche Formen von Geschichtlichkeit dokumentiert werden können, wäre die historische Netzwerkforschung. Netzwerkperspektiven – wie fein sie auch immer justiert sind – vermögen das stete „in the making" von Gesellschaften zu verdeutlichen. Das ist einer der Gründe, warum auch in der historischen Forschung eine wachsende Aufmerksamkeit für Netzwerke zu beobachten ist.

Vor diesem Hintergrund sich verändernder Diskussionskontexte in der Ökonomik ergeben sich interessante Anknüpfungspunkte – und sogar *Chancen* – für die (Wirtschafts-)Soziologie (Bögenhold, Fink, Kraus 2014). Wenn sich etablierte Fachvertreter der Ökonomik pointiert für die Berücksichtigung von Themenstellungen aussprechen, die Motivation und normgeleitetes Verhalten in spezifischen sozioökonomischen Kontexten betreffen, so bedeutet das in der Konsequenz eine Hinwendung zu thematischen Fragen, die zumindest implizit Domänen der Soziologie, ihres Leistungsvermögens und ihrer – zumindest potentiellen – Kompetenzbereiche darstellen.

Im Grunde erleben wir die paradoxe Situation, dass sich die Ökonomik am Beispiel ihrer hervorragenden, international preisgekrönten Repräsentanten im Sinne einer *integrierten Versozialwissenschaftlichung* ändert und damit die Kompetenzen von Psychologie, Historik und weiterer Fächer, aber vor allem auch Kernbereiche der Soziologie adressiert und dass andererseits von diesen Konvergenztrends in der Soziologie kaum Kenntnis genommen wird. Mit Blick auf wissenschaftspolitische Debatten und Kräftekonstellationen könnte dabei genau hier eine Situation vorliegen, in der die Soziologie ihre prinzipielle Definitionsmacht und potentielle Autorität reklamiert, sofern sie sich derer bewusst ist.

Neben der Tatsache, dass innovativ-moderne Ökonomen verstärkt nach verhaltenswissenschaftlichen Grundlagen von Handlungen fragen und sich dabei nolens volens in Richtung der Domänen von Soziologie, Psychologie und Sozial- und Wirtschaftspsychologie orientieren, sind es weitere inhaltliche Perspektiven, die die Soziologie selbstbewusster werden lassen können. Von Seiten der (Wirtschafts-) Soziologie kann kritisch an die Adresse der Ökonomik formuliert werden, dass die Ökonomik die Institution des Marktes zumeist als eine Art Black Box betrachtet, in der sich Angebot und Nachfrage „irgendwie" treffen und aushandeln. Dass Märkte aber vielmehr auch auf hochgradig sozialen Prozessen basieren und diese darstellen, das wurde vermehrt von der Soziologie hervorgehoben. Gerade auch Märkte sind Orte sozialen Lebens und Tausches mit inhärenten sozialen Strukturen und Regelhaftigkeiten (Ebner 2014, Kraemer 2014). Davon zu abstrahieren, impliziert eine inadäquate akademische Wahrnehmung des Innenlebens einer der zentralen Institutionen der Ökonomik überhaupt. „Sociologists primarily view markets as institutions, while economists focus on the issue of price formation, mainly by constructing models. But even mainstream economics has not paid much attention to markets as institutions or as empirical phenomena …" (Swedberg 2003, S. 130).

Die Offensive, mit der Teile der (vorwiegend nordamerikanischen) Wirtschaftssoziologie sich seit nun etwa zweieinhalb Jahrzehnten zu zeigen wissen, speist sich aus einer Idee um die eigene komparative akademische Stärke. Die – implizite oder teils auch explizite – Berücksichtigung der wirtschaftssoziologischen Präambeln vermittelt eine erheblich dynamischere Betrachtungsweise des Funktionierens von Ökonomien, in der Strukturen permanent als „in the making" erscheinen. Es waren Granovetters Präambeln, die soziologische Arbeiten auf verschiedenen Anwendungsfeldern inspirierten: "1.) die Verfolgung ökonomischer Ziele wird normalerweise begleitet von Zielen nicht-ökonomischer Art, zu denen Geselligkeit, soziale Anerkennung, Status und Macht gehören; 2.) ökonomisches Handeln ist (wie jedes Handeln) sozial situiert und kann nicht allein durch individuelle Motive erklärt werden; es ist eingebettet in bestehende Netzwerke persönlicher Beziehungen und wird nicht von atomisierten Akteuren ausgeführt…; 3.) ökonomische Institutionen entstehen (wie alle Institutionen) nicht automatisch in irgendeiner Form unvermeidlich aufgrund äußerer Umstände, sondern sie sind 'sozial konstruiert'" (Granovetter 2000, S. 201).

Konsequent weitergedacht bedeutet das auch, dass die akademische Diskussion sich bei einer adäquaten Vermessung entsprechender wirtschaftlicher und wirtschaftspolitischer Themen im Bereich von volkswirtschaftlichen Stärken nicht auf die Betrachtung rein wirtschaftlicher Phänomene im engen und sterilen Sinne reduzieren darf, sondern dass hier auch eine Hinwendung bzw. Einbeziehung von sozialen Softfaktoren vonnöten ist, die realiter maßgeblich wirtschaftliches Handeln sowie Wirtschaftsgegebenheiten beeinflussen und mitbestimmen. Wenn die Ökonomen Fehr und Schmidt (1999) über Vertrauen und Ehrlichkeit im Zusammenhang mit Fragen von Wettbewerb als Themendomänen in der Ökonomik forschen, dann wird daran exemplarisch deutlich, dass die Ökonomik über ihre traditionell angestammten Grenzen schreitet und die Soziologie mit Blick auf ihr Selbstverständnis hier ihre Kompetenz und Themenzuständigkeit reklamieren sollte (Elsner und Schwardt 2014). In einem solchen Verständnis wird die interdisziplinäre Schnittstelle zwischen verschiedenen Diskursen und Disziplinen sichtbar: Wirtschaftsforschung muss zwangsläufig auch soziologische Institutionenforschung sein und das bedeutet, sie muss sich zwangsläufig auch auf das akademische Gebiet der Soziologie einlassen (immer noch aktuell hier Albert 1960). Nehmen wir diese knappen Bemerkungen hier zusammen, so ergibt sich ein Nenner, dass die heutigen Formulierungen einer „social embeddedness" (Granovetter 1985) die gemeinsame Schnittmenge einer neuen Wirtschaftssoziologie und institutionellen Wirtschaftswissenschaft als ihren Gegenstand mit jeweils spezifischem sozialen und historischen Kontext adressieren. Zwischenzeitlich ist die – auf Polanyi zurückgehende (s. Bögenhold 2007) – Formulierung der Social Embeddedness so populär, dass es „economic sociology's most celebrated metaphor" (Guillén et al. 2002, S. 4) wurde. In einer solchen Blickrichtung kann eine offensive Wirtschaftssoziologie immer mit einem Fuß auch auf einem Terrain stehen, das über ihr eigentlich traditionelles thematisches Feld deutlich hinausweist und ihr wichtige wirtschaftsanalytische – und sicherlich auch – wirtschaftspolitikberatende Funktionen zukommen lässt. Das wird aber auch nur gelingen, wenn die Soziologie sich selber auch auf den Prüfstand stellt und viele realitätsferne und unreflektierte Theoreme zur Disposition stellt. Die jahrzehntelang praktizierte Krisenmetaphorik (Streeck 2014) gehört zweifelsohne zu solcher Art von Vokabular.

Soziale Netzwerke

8

Wenn wir die Wirtschaftssoziologie und die Wirtschaftsgeschichte als Techniken der Wirtschaftsanalyse konzeptualisieren, wie Schumpeter das in der Einleitung zu seiner „History of Economic Analysis“ (Schumpeter [1954] 1965) vorgeschlagen hatte, dann bewegen wir uns sehr nahe an einem – auch heute – modernen Verständnis dessen, wie Wirtschaft und Gesellschaft akademisch aufeinander bezogen sind. Bewegen wir uns auf diesem wissenschaftstheoretischen Terrain, sehen wir verschiedene Arbeitsgebiete, die – auch perspektivisch – relative Stärken der Soziologie verdeutlichen können. Eine davon ist die *soziale Netzwerkanalyse*. Soziale Netzwerkanalyse geht auf Georg Simmel zurück, der damit begann, über die sozialen Kreise zu reflektieren, mit denen Menschen Kontakt zueinander haben. Eine solche gedankliche Perspektive weicht deutlich von einer der Ökonomik ab, in der ein Menschentypus modelliert wird, der universell zu sein scheint und bei dem alle Menschen dieselben Quanten an Information teilen. In der real-konkreten Welt haben Menschen asymmetrisch verteilte Informationspakete, die unter anderem auf unterschiedliche Sets von Ressourcen zurückzuführen sind. Demzufolge ergibt sich dann auch, wer wen wechselseitig kennt und wer mit wem spricht. Eine soziale Netzwerkanalyse interpretiert diese Umstände als das Vorhandensein von verschiedenen individuellen Mustern von Gruppenzugehörigkeiten. In seiner Schrift „*Die Kreuzung sozialer Kreise*“ untersuchte Simmel (1908) die Schnittpunkte solcher sozialer Zirkel. Spätere Netzwerkstudien, die sich auf Simmel aufbauend und in Kombination mit Forschungen in der Anthropologie (Collins 1988) zu einer neuartigen Netzwerkforschung evolutioniert hatten, konnten systematischer auf unterschiedliche Bereiche von Wirtschaft und Gesellschaft appliziert

D. Bögenhold, *Gesellschaft studieren, um Wirtschaft zu verstehen*, essentials,
DOI 10.1007/978-3-658-09194-1_8

werden. Unterschiedliche Netzwerkdesigns zeitigen unterschiedliche Potentiale zu kommunizieren, Informationen zu beziehen und haben – in der Quintessenz – unterschiedliche Strukturen an Sozialkapital. Heute muss man zwischen personenbezogener (egozentrierter) Netzwerkanalyse und organisatorischer Netzwerkanalyse unterscheiden, die jeweils unterschiedliche Diskussionsperspektiven beherbergen. Netzwerkanalyse fragt nach Formen und Inhalten des Austausches zwischen Menschen oder Organisationen, wobei Symbole (Ideen, Werte, Normen), Emotionen (Liebe, Respekt, Feindlichkeit) oder Güter oder (Dienst-)Leistungen (besonders finanzielle Unterstützungen und Geschenke) transportiert werden (Bögenhold 2013).

Netzwerkforschungen verdeutlichen die inhärenten Dynamiken von Gesellschaften (als Überblick siehe Scott 2009; Burt et al. 2013) und die grundlegende Prämisse ist, dass „presently existing, largely categorical descriptions of social structure have no solid theoretical grounding; furthermore, network concepts may provide the only way to construct a theory of social structure" (White/Boorman/Breiger 1976, S. 732). Forschungen über Netzwerkstrukturen sind zu einem interdisziplinär wachsendem Gegenstand mit Anwendungen in diversen Feldern des sozialen und wirtschaftlichen Lebens geworden. Darunter befinden sich Forschungen über Marktdynamiken, die zu den herausforderndsten Anstrengungen gehören, weil sie Licht in das bringen können, was als Black Box von der Mainstreamökonomik unbearbeitet liegen geblieben ist (Swedberg 2003). Märkte funktionieren auf der Basis von Kommunikation und sozialen Regelhaftigkeiten, die durch Forschungen über soziale Netzwerke adressiert werden können.

Märkte sind immer in Veränderung, sie entstehen, sie verschwinden, sie ändern sich. Diese Märkte und deren Potential werden von Akteuren geformt und getragen, die wiederum mit spezifischen Konstellationen von Menschen in Beziehung stehen, denen sie trauen oder misstrauen. So wird die „soziale Materie" des Wirtschaftslebens nach Vertrauenskategorien geordnet, demzufolge Freunde hier stehen und andere als feindliche Konkurrenten betrachtet werden. Wie auch immer konkrete Märkte aussehen, in jedem ihrer Fälle zeigen sie sehr soziale Eigenschaften und die Ökonomik würde viel zu kurz greifen, diese Dinge zu ignorieren. Wettbewerbsprozesse müssen analysiert und verstanden werden als anhaltende soziale Prozesse, die in Sozialstrukturen eingebunden sind und die sich in einem permanenten Prozess der (Re-)Organisation befinden (White 2002, 1988; Burt 1995).

Netzwerke können in gewisser Weise als eine Art Scharnier zwischen soziologischen Mikro- und Makrodimensionen fungieren. Sie integrieren gleichermaßen die Handlungs- und Kommunikationsebene mit Fragen von struktureller Selektion und sozialem Wandel. Netzwerke fungieren als „Sets" von Präferenzen und Sozialkontakten von Individuen und Gruppen und zwischen Institutionen. Über sie verläuft der „Blutkreislauf" der Gesellschaft. Wenn es um Fragen von Vertrauensstrukturen und von Interaktionsmustern der Integration und Desintegration geht, werden stets Faktoren ins Kalkül gebracht, die letztlich die Netzwerkforschung tangieren oder sogar unmittelbar adressieren. Heute wird Netzwerkforschung ein zunehmend interdisziplinäres Programm, an dem zahlreiche akademische Fächer Beteiligung finden (einen Überblick gibt Stegbauer 2010).

Mit einer Netzwerkperspektive lässt sich „die soziale Struktur von Wettbewerb" vermessen, so der Buchuntertitel von Burt (1995). Ihm zufolge lassen sich Unterschiede in der Dynamik von Märkten und den jeweiligen Chancen und Barrieren unternehmerischen Handelns durch eine netzwerktheoretische Grundierung adäquater analysieren. Wettbewerbs-Handeln und seine Ergebnisse werden von Burt in Begriffen des Zugangs zu „Löchern" gefasst und in einer sozialen Struktur der Wettbewerbsarena gedacht. *Structural holes* sind zu verstehen als Löcher in der sozialen Struktur bzw. als die Abwesenheit von Verbindungen zwischen Akteuren. *Structural holes* sind Gelegenheiten, auf Grund von Informationsasymmetrien Neues zu denken bzw. und damit als Informationsbrückenköpfe zu fungieren, die gleichzeitig relative Vorteile unternehmerischen Handelns darstellen. Wettbewerbsvorteile sind eine Frage des Zugangs zu *structural holes*, womit das Funktionieren von Märkten entscheidend von der Frage sozialer Kontakte und Informationen konzeptualisiert wird. Soziale Netzwerke sind folglich als Ressourcen zu verstehen, die sowohl Individuen als auch Gruppen nützlich sein können, um beispielsweise Kommunikationsprozesse entstehen zu lassen oder diese zu verbessern. Sie bieten somit die Möglichkeit Handlungen zu optimieren, wobei strukturelle Löcher auch Kommunikationsausschluss für Dritte bewirken, weil zwei Individuen nicht direkt miteinander verbunden sind und somit die Kommunikation über einen Umweg, z. B. einen Mittelsmann, zustande kommen muss.

Bei Individuen erscheinen „Connections" als Schlüssel, um berufliche Positionen positiv zu verändern und vertikale Mobilität zu optimieren. Hier wird „netzwerken" immer auch als strategisch-utilitaristische Kommunikation wahrgenommen, wo Verbindungen geknüpft werden, um diese dann auch zum eigenen Vorteil zu verwenden. Jenseits solcher egozentrierten Netzwerke erscheint das Netzwerkthema auf der organisationalen Ebene als ein probater Baustein zur Beschreibung von modernen Organisationen, das von Unternehmensleitungen immer häufiger auch aktiv forciert wird, wenn Firmen Schulungen anbieten, um ihren Mitarbeitern Wichtigkeit und Einsatz von Netzwerken zu verdeutlichen (Bögenhold und Marschall 2010, 398). In einem solchen Verständnis wird die interdisziplinäre Schnittstelle zwischen verschiedenen Diskursen und Disziplinen sichtbar. Netzwerkforschung bietet ein Potential an, das die wechselseitigen Limitationen der Fächer tendenziell zu überwinden verspricht und das die bisherige sterile Binarität von Mikro- und Makrosemantiken innovativer gestalten könnte.

9 Gesellschaft studieren, um Wirtschaft zu verstehen

Die weitere Zukunft der akademischen Entwicklung ist schwer vorherzusagen, da das Zusammenspiel verschiedener Faktoren und der in der Zukunft liegenden individuellen Beiträge unbekannt ist. Insofern spielt sich die Entwicklung in einem quasi „offenen" Feld ab. Wissenschaftlicher Fortschritt ist häufig kontingent und niemals in dem Sinne rational, als dass es arithmetischen Regeln der Synthese folgt. Der „Markt für Ideen" ist kein perfekter oder effizienter Markt und die relativen Vorstellungen für die Rationalität wirtschaftlichen Handelns gelten analog auch für die Rationalität von Wirtschaftspolitik, deren Beurteilung fließende Grenzen zur Ethik hat (Neck 2015).

Um diese Problematik besser einschätzen zu können und kennen zu lernen, ist es zwingend erforderlich, einen größeren zeitlichen Rahmen vor Augen zu haben. Gewöhnlich fangen Studenten an, wenn sie mit einem neuen Fach zu studieren beginnen – egal ob es nun die Medizin, Biologie oder Ökonomik ist –, zu fragen, was nun der gegenwärtige Stand des Wissens ist. Die Mehrheit der Menschen interessiert sich weniger für die Frage, welche Diskussionen vor 50 oder 100 Jahren geführt wurden, sondern was die Hauptlinien gegenwärtigen Wissens sind. Die Schwierigkeit ist aber, dass wissenschaftlicher Fortschritt und die inhärenten Veränderungen verstanden werden müssen als – in Retrospektive – eine Serie von Irrtumsprozessen. Fortschritt kommt einem permanenten Überschreiben von (überkommenen) Wissensbeständen gleich. Man sollte ein sorgfältiges Verständnis der Geschichte der eigenen Disziplin entwickeln, um die größeren und kleineren Linien zu erkennen, die zu der heutigen Diskussion und dem gegenwärtigen Stand, die Dinge zu beurteilen, geführt haben. In einem solchen Licht erhalten gegenwärtige Diskussionen dann mehr Farben und unser Wissen wird historisch

D. Bögenhold, *Gesellschaft studieren, um Wirtschaft zu verstehen,* essentials,
DOI 10.1007/978-3-658-09194-1_9

informierter als es ist, wenn man nur mit einem Schnappschuss operiert, der nur *einen* Zeitpunkt in akademisch fließenden Veränderungen und Oszillationen von Fehlern und Innovationen abbildet.

Dabei hatte das bereits Joseph A. Schumpeter wissenschaftstheoretisch prinzipialisiert, wenn er immer wieder darauf hingewiesen hatte, dass die Wahrnehmung der Geistesgeschichte einen großen Wert an sich darstellt (Schumpeter [1954] 1965). Aber Schumpeter fasste seine Überlegungen weiter und bezog sich auch auf die Wirtschafts- und Sozialgeschichte allgemein: Für Schumpeter ist die Methode der ökonomischen Analyse durch ein Netz von Forschungsfeldern charakterisiert, von denen er vor allem vier Disziplinen hervorhebt: Wirtschaftsgeschichte, Wirtschaftsstatistik, ökonomische Theorie und Wirtschaftssoziologie. Zwar solle deren Selbständigkeit gewahrt bleiben, aber sie sollten sich dennoch ergänzen. Die Wirtschaftsgeschichte hat für Schumpeter aus drei Gründen einen besonderen Stellenwert: 1) So vollziehe sich jedes ökonomische Ereignis in einer historischen Zeit und erfordere vom versierten Ökonomen ein solides historisches Wissen. 2) Geschichte überschreite Fächergrenzen und ermögliche einen Einblick, wie die verschiedenen Sozialwissenschaften ineinander greifen sollten, und 3) die meisten Fehlentwicklungen und Irrtümer in der wissenschaftlichen Ökonomik resultierten aus dem Mangel an historischem Wissen. Die Wirtschaftsstatistiken sind am ehesten eine Art Hilfswissenschaften, da man keine wirklichen Erkenntnisse ableiten könne, wenn man nicht weiß, wie sie zustande gekommen sind. Die ökonomische Theorie bildet in Schumpeters Klassifikation den „dritten fundamentalen Bereich" der Wirtschaftswissenschaften und, schließlich, die vierte Disziplin, welche die sozialökonomische Betrachtungsweise wesentlich ergänzt, ist für Schumpeter die Wirtschaftssoziologie. Ihre Aufgabe ist es, sich mit den ökonomischen Wirkungen menschlichen Verhaltens und mit den für die wirtschaftliche Tätigkeit wichtigen gesellschaftlichen Institutionen zu beschäftigen. Schumpeter schreibt: „Die Wirtschaftssoziologie befasst sich mit der Frage, was die Menschen zu einem derartigen Verhalten veranlasst. Wenn wir die Definition des menschlichen Verhaltens weit genug fassen und nicht nur Handlungen, Beweggründe und Neigungen einbeziehen, sondern auch soziale Institutionen, die für wirtschaftliches Verhalten relevant sind, ..., so enthält diese Fassung alles, was wir wissen müssen." (Schumpeter 1965, S. 52). Diese Formulierungen sind prägnant und zeigen sich ausgesprochen aktuell angesichts gegenwärtiger Diskussionen.

(Wirtschafts-)Soziologie sollte empirisch und strategisch weitere Forschungsthemenfelder für sich reklamieren und bearbeiten, an denen der Link zwischen Ökonomik und Fragen von sozialer Organisation von Relevanz erscheint (Neckel 2008). Die skizzierten Entwicklungen *zwischen* der Ökonomik und der Soziologie sowie die beobachteten weiteren Veränderungen *in* den einzelnen Fächern selber indizieren auch *soziologische Opportunities,* die als solche erkannt werden müssen, um sie dann aktiv intellektuell zu verwerten. Aus den geschilderten Konvergenzen resultieren eine Reihe von Chancen, die Herausforderungen für die Sozialökonomik darstellen. Während geraume Zeit über die Frage diskutiert wurde, *ob* Kultur im Prozess wirtschaftlicher Entwicklung eine Rolle spielt, scheint gegenwärtig eher über die Frage nachgedacht zu werden, *wie* Kultur auf die wirtschaftliche Entwicklung Einfluss nimmt. Bei dem Einbezug von Kultur in Fragen der Funktionsweise des Wirtschaftslebens werden konsequenterweise Fragen nach den akademischen Grenzen von Ökonomik und der Notwendigkeit der Kooperation mit Nachbarwissenschaften thematisiert. Die vielerorts beobachtete *Versozialwissenschaftlichung* der Ökonomik (Bögenhold 2011, 2014) wird mittlerweile geradezu nachhaltig als Notwendigkeit einer „Science of Science" auch in Großbritannien unter dem Slogan einer „Campaign for Social Science" (2015) proklamiert, nicht zuletzt um positive Innovationseffekte unterschiedlicher Arten anzustoßen. Diese Fragen adressieren prinzipielle Gesichtspunkte wissenschaftlicher Arbeitsteilung und Entwicklung. Eng damit in Zusammenhang steht die Diskussion über Motivation von sozialem (und wirtschaftlichem) Handeln, die geradezu essentiell für viele Modelle von wirtschaftlicher Dynamik ist. Was macht soziale Rationalität und Irrationalität wirtschaftlichen Handelns in einer akademischen Betrachtung aus? Wie lassen sich Rationalität und deren Pendant denken? In welcher Weise steht dieses Thema zu der adäquaten Vermessung von Gesellschaft und Wirtschaft.

Die vorgebrachten Ausführungen beschäftigen sich mit der Frage des Verhältnisses von Wirtschaft und Gesellschaft in einem spezifischen Blickwinkel, nämlich wie stark ist die Wirtschaft in die Gesellschaft integriert und wie stark muss deshalb Kultur als eine intervenierende Variable gedacht werden. Wenn die Beobachtung richtig ist, dass Teile der (innovativen) Ökonomik gegenwärtig in traditionelle Anwendungsterrains von Historik, Psychologie und Soziologie expandieren, dann lässt sich das auch umgekehrt als eine Aufwertung dieser Fächer interpretieren und als Ansporn, diesbezüglich eigene Anstrengungen zu forcieren, um der Ökonomik verlorengegangenes Terrain erneut abspenstig zu machen. Wirtschaftliches Handeln muss dabei zwangsläufig die Frage nach der Motivation sozialen Handelns – in der Gesellschaft und im Vollzug von Wirtschaft – einschließen.

Die Abb. 9.1 verdeutlicht die hochgradige sachliche Interdependenz von Wirtschaft und Gesellschaft unter Berücksichtigung von Kultur, die traditionell zu unterschiedlichen akademischen Zuständigkeiten führte, die eine simple Arbeitsteilung hatten: Die Psychologie ist für den einzelnen Menschen zuständig, die Soziologie für die Einheit der Gesellschaft während die Ökonomik sich in ihren Unterteilungen der Betriebswirtschaftslehre und der Volkswirtschaftslehre mit verschiedenen makro- und mikrostrukturellen Fragen des Wirtschaftslebens in einem

Abb. 9.1 Soziologie als Universalwissenschaft

eingeschränkten Sinne auseinandersetzt. Schließlich fragen die raumbezogenen Wissenschaften nach den regionalen Differenzierungen und die Historik nach universellen oder partikularen Aspekten der zeitlichen Vergänglichkeit aller dieser Phänomene *in toto*. In dem Maße, in dem die Soziologie diese wissenschaftliche Arbeitsteilung wissenschaftstheoretisch als Soziologie des Wissenschaftsbetriebs reflektiert und indem sie sich als integrative Kraft erweist, die die Segmentierung der Disziplinen versucht zu entgrenzen, kann sie entlang vieler neuerer Tendenzen in der Ökonomik und der Psychologie selber auch einer weiteren Vulkanisierung wissenschaftlichen Wissens entgegenwirken. Während im deutschsprachigen Kontext lange Jahre verschiedene Themen behandelt wurden, die thematisch Phänomene des Wirtschaftslebens separat behandelten, ohne ein intersubjektiv und interfakultativ geteiltes Verständnis davon zu haben, wie – anders als in den Routinen festgeschrieben – die Zuständigkeiten zwischen der Ökonomik, Wirtschaftssoziologie, Wirtschaftspsychologie und Historik gestaltet werden können, gibt es heute in der stets globaler und komplexer werdenden Welt Impulse, über die Zuständigkeiten neu nachzudenken, was sich auch mit Forderungen nach integrativ-systemischem Denken treffen mag (Meadows 2009). Im Gegensatz zu vielen populären Wahrnehmungen kann der Soziologie – wenn sie denn selber ausreichend informiert und selber adäquat ausgebildet ist – eine wesentlich stärkere Rolle zukommen. Es ist keine Frage, dass wir heute die Gesellschaft(en) in der globalen Welt studieren müssen, auch um zu verstehen, wie der Vollzug von Wirtschaft funktioniert.

Was Sie aus diesem Essential mitnehmen können

- Die Zeiten ändern sich, mit ihnen auch die Organisation und der Stand der Wissenschaften.
- Was im Verlaufe des 20. Jahrhunderts der lange anhaltende Trend der Ausdifferenzierung der Einzelwissenschaften und die Etablierung neuer akademischer Wissenszweige war, das beginnt sich nunmehr wieder in eine andere Richtung zu bewegen, nämlich Notwendigkeiten der Re-Integration.
- Entgegen einem gelegentlich eher schwächeren Image hat die Soziologie heute ungeahnte Potentiale, die sie selber erkennen muss, um andere Zeitgenossen davon zu überzeugen.
- Neuere Entwicklungen in den Wirtschaftswissenschaften bemächtigen sich zunehmend wichtiger Erkenntnisse der Soziologie und auch der Psychologie, so dass zunehmend auch hier die Terrains verteidigt und reklamiert werden müssen.
- Für die Erklärung von Fragen auf dem Gebiet der Wirtschaftswissenschaften sind zunehmend soziale Soft-Faktoren (Kommunikation, Vertrauen, soziale Netzwerke, genereller aber Fragen von Kultur und Institutionen) maßgeblich, die vor allem in die Zuständigkeitsdomänen der Soziologie fallen.

D. Bögenhold, *Gesellschaft studieren, um Wirtschaft zu verstehen*, essentials,
DOI 10.1007/978-3-658-09194-1

Literatur

Acemoglu, D., Johnson, S., & Robinson, J. A. (2005). Institutions as a fundamental cause of long-run growth. In P. Agihon & S. N. Durlauf (Hrsg.), *Handbook of economic growth* (Vol. 1A, S. 385–472). Oxford: Elsevier.

Aggarwal, R. (2014). Animal spirits in financial economics: A review of deviations from economic rationality. *International Review of Financial Analysis, 32,* 179–187.

Akerlof, G. A. (2007). The missing motivation in macroeconomics. *The American Economic Review, 97*(1), 5–36.

Akerlof, G. A., & Kranton R. E. (2000). Economics and identity. *The Quarterly Journal of Economics, 115,* 715–753.

Akerlof, G. A., & Shiller, R. J. (2009). *Animal spirits: How human psychology drives the economy, and why it matters for global capitalism*. Princeton: Princeton University Press.

Albert, H. (1960). Nationalökonomie als Soziologie. Zur sozialwissenschaftlichen Integrationsproblematik. *Kyklos, 13,* 1–43.

Aspers, P. (2011). *Markets*. Cambridge: Polity Press.

Bachmann-Medick, D. (2014). Cultural turns – Neuorientierungen in den Kulturwissenschaften. Hamburg: Rowohlt.

Bastow, S., Dunleavy, P., & Tinkler, J. (2014). *The impact of the social sciences: How academics and their research make a difference*. London: Sage.

Baur, N., Löw, M., Hering, L., Raschke, A. L., & Stoll, F. (2014). Die Rationalität lokaler Wirtschaftspraktiken im Friseurwesen. Der Beitrag der „Ökonomie der Konventionen“ zur Erklärung räumlicher Unterschiede wirtschaftlichen Handelns. In J. Heinonen & E. Akola) Professionals als Kleinunternehmer. *Zur Rationalität von Freiberuflern im realen Business*. In D. Bögenhold (Hrsg.) Soziologie des Wirtschaftlichen. *Alte und neue Fragen* (S. 299–328). Wiesbaden: VS-Verlag.

Becker, G. (1995). The economic way of looking at behavior. *Journal of Political Economy, 101*(3), 385–409.

Becker, J., Grisold, A., et al. (2009). *Heterodoxe Ökonomie*. Marburg: Metropolis.

Berger, P. L., & Luckmann, Th. (1966). The social construction of reality. Garden City: Doubleday.

Blaug, M. (1997). Ugly currents in modern economics. *Options Politiques, 18*(17), 3–8.

D. Bögenhold, *Gesellschaft studieren, um Wirtschaft zu verstehen*, essentials,
DOI 10.1007/978-3-658-09194-1

Bögenhold, D. (2007). Polanyi. In R. E. Weir (Hrsg.), *Encyclopedia of American Social Class* (Vol. II, S. 620–621). Westport: Greenwood Press.

Bögenhold, D. (2009). Die Psychologie im Wirtschaftsleben. Keynes und Schumpeter als Pioniere. In G. Raab & A. Unger (Hrsg.), *Der Mensch im Mittelpunkt wirtschaftlichen Handelns* (S. 522–537). Lengerich: Pabst Science Publishers.

Bögenhold, D. (2011). From heterodoxy to orthodoxy and vice versa: Economics and social sciences in the division of academic work. *The American Journal of Economics and Sociology, 69*(5), 1566–1590.

Bögenhold, & D., Marschall, J. (2010). Methapher, Methode, Theorie. Netzwerkforschung in der Wirtschaftssoziologie. In C. Stegbauer (Hrsg.), *Netzwerkanalyse und Netzwerktheorie. Ein neues Paradigma in den Sozialwissenschaften* (S. 387–400). Wiesbaden: VS-Verlag.

Bögenhold, D. (2013). Social network analysis and the sociology of economics: Filling a blind spot with the idea of social embeddedness. *The American Journal of Economics and Sociology, 72*(2), 293–318.

Bögenhold, D. (2014). Schumpeter as a universal social theorist. *The Atlantic Economic Journal, 42,* 205–215.

Bögenhold, D. (2014). Soziologie des Wirtschaftlichen. *Alte und neue Fragen*. In D. Bögenhold (Hrsg.) *Soziologie des Wirtschaftlichen. Alte und neue Fragen* (S. 7–30). Wiesbaden: VS-Verlag.

Bögenhold, D., Fink, M., & Kraus, S. (2014). Integrative Entrepreneurship Research - Bridging the Gap between Sociological and Economic Perspectives. *International Journal of Entrepreneurial Venturing (IJEV):* Vol. 6 (S. 118–139).

Bögenhold, D., Heinonen, J., & Akola, E. (2014). Professionals als Kleinunternehmer. *Zur Rationalität von Freiberuflern im realen Business*. In D. Bögenhold (Hrsg.) *Soziologie des Wirtschaftlichen. Alte und neue Fragen* (S. 269–298). Wiesbaden: VS-Verlag.

Buchanan, N. S., & Ellis, H. S. (1955). *Approaches to economic development*. New York: Twentieth Century Fund.

Burt, R. S. (1995). *Structural holes: The social structure of competition*. Cambridge: Harvard University Press.

Burt, R. S., Kilduff, M., & Tasselli, S. (2013). Social network analysis: Foundations and frontiers on advantage. *Annual Review of Psychology, 64,* 527–547.

Campaign for Social Science (CfSS). (2015). *The Business of People. The Significance of Social Science over the Next Decade*. London: Sage.

Cochran, Th. C. (1960). Cultural factors in economic growth. *Journal of Business History, 20,* 515–530.

Collins, R. (1988). *Theoretical sociology*. San Diego: Hartcourt Brace Jovanovich.

Collins, R. (1994). Why the social sciences won't become high-consensus, rapid-discovery science. *Sociological Forum, 9,* 155–177.

David, P. A. (2007). Path dependence: A foundational concept for historical social science. *Cliometrica, 1,* 91–114.

Dorfman, J. (1946–1959). *The economic mind in American civilization* (5 Vols.). New York: Viking Press.

Ebner, A. (2014). Theorie der Vermarktlichung: Ein institutionalistischer Ansatz. In D. Bögenhold (Hrsg.), *Soziologie des Wirtschaftlichen:* Alte und neue Fragen. Wiesbaden: VS Verlag.

Eisenegger, Ch., Haushofer, J., & Fehr, E. (2011). The role of testosterone in social interaction. *Trends in Cognitive Sciences, 15*(6), 263–271.

Elsner, W., & Schwardt, H. (2014). Trust and arena size: Expectations, institutions, and general trust, and critical population and group sizes. *Journal of Institutional Economics, 10,* 107–134.

Elster, J. (1983). *Sour grapes*. Cambridge: Cambridge University Press.

Elster, J. (1999). *Alchemies of the human mind: Rationality and the emotions*. Cambridge: Cambridge University Press.

Fehr, E., & Rangel, A. (2011). Neuroeconomic foundations of economic choice—recent advances. *The Journal of Economic Perspectives, 25*(4), 3–30.

Fehr, E., & Schmidt, K. M. (1999). A theory of fairness, competion and cooperation. *Quarterly Journal of Economics, 114,* 817–868.

Freeman, A. (2009). *The economists of tomorrow*. München: MPRA Paper No. 15691.

Freud, S. (2014). *Abriß der Psychoanalyse*. Frankfurt a. M.: Fischer.

Frey, B. (1999). *Economics as a science of human behaviour. Towards a new social science paradigm*. Dordrecht: Kluwer.

Gigerenzer, G. (2013). *Risk savvy. How to make good decisions*. New York: Penguin.

Gonzáles, A. M. (2012). Emotional culture and the role of emotions in cultural analysis. In A. M. Gonzáles (Hrsg.), *The emotions and cultural analysis* (S. 1–15). Surrey: Ashgate.

Granovetter, M. S. (1985). Economic action and social structure: The problem of embeddedness. *The American Journal of Sociology, 91,* 481–510.

Granovetter, M. S. (2000). Ökonomische Institutionen als soziale Konstruktionen. Ein Analyserahmen. In D. Bögenhold (Hrsg.), *Moderne Amerikanische Soziologie* (S. 199–218). Stuttgart: Enke.

Guillén, M. F., Collins, R., England, P., & Meyer, M. (2002). The revival of economic sociology. In M. F. Guillén, R. Collins, P. England, & M. Meyer (Hrsg.), *The new economic sociology: Developments in an emerging field* (S. 1–32). New York: Russell Sage.

Gulbenkian Commission for the Restructuring of Social Sciences. (1996). *Open the social sciences*. Stanford: Stanford University Press.

Haller, M. (2014). Die Ökonomie – Natur- oder Sozialwissenschaft? Wissenschaftstheoretische und wissenssoziologische Überlegungen zu einer alten Kontroverse. In D. Bögenhold (Hrsg.), *Soziologie des Wirtschaftlichen. Alte und neue Fragen* (S. 31–66). Wiesbaden: VS-Verlag für Sozialwissenschaften.

Harrison, L. E., & Huntington, S. P. (Hrsg.). (2000). *Culture matters. How values shape human progress*. New York: Basic Books.

Hodgson, G. M. (2001). *How economics forgot history*. London: Routledge.

Hodgson, G. M. (2004). *The evolution of institutional economics*. London: Routledge.

Hodgson, G. (2007). Evolutionary and institutional economics as the new mainstream? *Evolutionary and Institutional Economics Review, 4*(1), 7–25.

Hollingsworth, R. (2000). Gesellschaftliche Systeme der Produktion im internationalen Vergleich, In D. Bögenhold (Hrsg.), *Moderne Amerikanische Soziologie* (S. 279–312). Stuttgart: UTB.

Jevons, W. S. (1871). *Theory of political economy*. London: McMillan.

Jones, E. L. (2006). *Cultures merging. A historical and economic critique of culture*. Princeton: Princeton University Press.

Kahneman, D. (2003). Maps of bounded rationality: Psychology for behavioral economics. *The American Economic Review, 93*(5), 1449–75.

Kahneman, D. (2012). *Thinking, fast and slow*. London: Penguin.

Kasper, W., Streit, M. E., & Boettke, P. J. (2012). *Institutional economics. property, competition, policies*. Cheltenham: Edward Elgar.

Keynes, J. M. (1937). The general theory of employment. *The Quarterly Journal of Economics, 51*(2), 209–223.

Kirchgässner, G. (2000). Homo oeconomicus: das ökonomische Modell individuellen Verhaltens und seine Anwendung in den Wirtschafts- und Sozialwissenschaften. Mohr: Siebeck.

Knoblauch, H. (2005). *Wissenssoziologie*. Konstanz: UVK.

Komlos, J. (2014). *What every economics student needs to know and doesn't get in the usual principles text*. New York: M.E. Sharpe.

Kraemer, K. (2014). Who Gets What and Why? Märkte und Unternehmen als Arenen sozialer Ungleichheit. In D. Bögenhold (Hrsg.), *Soziologie des Wirtschaftlichen:* Alte und neue Fragen. Wiesbaden: VS Verlag.

Lachmann, L. M. (1950). Economics as social science. *South African Journal of Economics, 18*, 233–241.

Lachmann, L. M. (1975). *Makroökonomischer Formalismus und die Marktwirtschaft*, Tübingen: J.C.B. Mohr.

Lagueux, M. (2010). *Rationality and explanation in economics*. London: Routledge.

Landes, D. (2000). Culture makes almost all the difference. In L. E. Harrison & S. P. Huntington (Hrsg.), *Culture matters. How values shape human progress* (S. 2–13). New York: Basic Books.

Lauterbach, A. (1962). *Psychologie des Wirtschaftslebens*. Reinbeck: Rowohlt.

Lee, F. S. (2009). *A history of heterodox economics. Challenging the mainstream in the twentieth century*. London: Routledge.

Lee, F. S. (2012). Heterodox economics and its critics. *Review of Political Economy*, 24(2), 337–351.

Leipold, H. (2006). *Kulturvergleichende Institutionenökonomik, Studien zur kulturellen, institutionellen und wirtschaftlichen Entwicklung*. Stuttgart: Lucius & Lucius.

Luhmann, N. (1988). *Die Wirtschaft der Gesellschaft*. Frankfurt a. M.: Suhrkamp.

Maslow, A. H. (1954). *Motivation and personality*. New York: Harper & Row.

Meadows, D. H. (2009). *Thinking in systems*. New York: Earthscan.

Mearman, A. (2011). Who do heterodox economists think they are? *The American Journal of Economics and Sociology, 70*(2), 480–510.

Menger, C. (2007). *Grundsätze der Volkswirtschaftslehre*. Wien: Hölder-Pichler-Tempsky.

Mikl-Horke, G. (1999). *Historische Soziologie der Wirtschaft*. München: Oldenbourg.

Mikl-Horke, G. (2008). *Sozialwissenschaftliche Perspektiven der Wirtschaft*. München: Oldenbourg.

von Mises, L. (1933). *Grundprobleme der Nationalökonomie. Untersuchungen über Verfahren, Aufgaben und Inhalt der Wirtschafts- und Gesellschaftslehre*. Jena: Gustav Fischer.

Morgan, M. S. (2012). *The world in the model. How economists work and think*. Cambridge: Cambridge Univ Press.

Neck, R. (2015). Rationalisierung der Wirtschaftspolitik oder rationale Begründung von Wirtschaftsethik? In R. Neck (Hrsg.), *Wirtschaftsethische Perspektiven X: Wirtschaftsethik nach der Wirtschafts- und Finanzkrise*, Schriften des Vereins für Socialpolitik (Bd. 228/X) (S. 313–336). Berlin: Duncker & Humblot. Humblot.

Neckel, S. (2008). *Flucht nach vorn. Die Erfolgskultur der Marktgesellschaft*. Frankfurt a. M.: Campus.

Nelson, R. H. (2001). *Economics as religion: From Samuelson to Chicago and beyond.* Pennsylvania: Pennsylvania State University Press.

North, D. C. (1990). *Institutions, institutional change and economic performance.* Cambridge: Cambridge University Press.

Ostrom, E. (2005). *Understanding institutional diversity.* Princeton: Princeton University Press.

Parsons, T., & Smelser, N. J. (1956). *Economy and society: A study in the integration of economic and social theory.* Glencoe: The Free Press.

Pelzmann, L. (2010). *Wirtschaftspsychologie.* Wien: Springer.

Popper, K. (1959). *The logic of scientific discovery.* New York: Routledge.

Preda, A. (2009). *Information, knowledge, and economic life. An introduction to the sociology of markets.* Oxford: Oxford University Press.

Preiser, E. (1992). *Nationalökonomie heute. Eine Einführung in die Volkswirtschaftslehre.* München: Beck.

Rabin, M. (1998). Psychology and economics. *Journal of Economic Literature, 36,* 11–46.

Scherer, K. R. (2011). On the rationality of emotions: Or, When are emotions rational? *Social Science Information, 50*(3–4), 330–350.

Schülein, J. (2014). Sozioökonomie und Subjekttheorie, In D. Bögenhold (Hrsg.), *Soziologie des Wirtschaftlichen* (S. 67–98). Wiesbaden: VS Verlag für Sozialwissenschaften.

Schumpeter, J. A. (1964). *Theorie der wirtschaftlichen Entwicklung* (orig. 1912). Berlin: Duncker und Humblot.

Schumpeter, J. A. (1965). *Geschichte der ökonomischen Analyse* (Bd. 2.). Göttingen: Vandenhoeck und Reprecht.

Schumpeter, J. A. (1991). The meaning of rationality in the social sciences, In R. Swedberg (Hrsg.), *The economics and sociology of capitalism* (S. 316–338), Princeton: Princeton University Press.

Schütz, A. (1971). *Gesammelte Aufsätze*, Bd. 1: *Das Problem der sozialen Wirklichkeit.* Den Haag: Nijhof.

Scott, J. (2009). *Social network analysis.* London: Sage.

Scott, W. R. (2014). *Institutions and organizations. Ideas, interests, and identities.* London: Sage.

Sen, A. (2007). How does culture matter? In M.-Y. Lee-Peuker, F. Scholtes, & O. J. Schumann (Hrsg.), *Kultur – Ökonomie – Ethik* (S. 29–64). München: Rainer Hampp.

Senge, K., & Schützeichel, R. (Hrsg.). (2013). *Hauptwerke der Emotionssoziologie*, Wiesbaden: VS Verlag für Sozialwissenschaften.

Simmel, G. (1908). Die Kreuzung sozialer Kreise. In G. Simmel (Hrsg.), *Soziologie. Untersuchungen über die Formen der Vergesellschaftung* (S. 305–344). Berlin: Duncker & Humblot.

Simon, H. A. (1955). A behavioral model of rational choice. *Quarterly Journal of Economics, 69,* 99–118.

Simon, H. A. (1962). *The architecture of complexity.* Proceedings of the American Philosophical Society, 106(6), 467–482.

Simon, H. A. (1971). *Administrative behavior. A Study of the decision-making process in administrative organization.* New York: Macmillan.

Simon, H. A. (1972). Theories of bounded rationality. In C. B. McGuire & R. Radner (Hrsg.), *Decision and organization. A volume in honor of Jacob Marschak* (S. 161–176). Amsterdam: North Holland Publishing.

Simon, H. A. (1982). *Models of bounded rationality*. Cambridge: MIT Press.

Simon, H. A. (1989). The scientist as a problem solver. In D. Klahr & K. Kotowsky (Hrsg.), *Complex information processing. How do human beings reason* (S. 375–398). Hillsdale: Erlbaum.

Solow, R. M. (1985). Economic history and economics. *Americam Economic Review, 75*(2), 328–331.

Sombart, W. (1982). Wirtschaft. In A. Vierkandt (Hrsg.), *Handwörterbuch der Soziologie* (S. 209–216). Stuttgart: Enke.

Stegbauer, C. (Hrsg.). (2010). Netzwerkanalyse und Netzwerktheorie. *Ein neues Paradigma in den Sozialwissenschaften*. Wiesbaden: VS-Verlag.

Stets, J. E., & Turner, J. (Hrsg.). (2007). *Handbook of the sociology of emotions*. New York: Springer.

Streeck, W. (2014). Buying Time: The Delayed Crisis of Democratic Capitalism. New York und London: Verso.

Turner, J., & Stets, J. E. (Hrsg.). (2009). *The sociology of emotions*. Cambridge: Cambridge University Press.

Vane, H. R., & Mulhearn, C. (2005): *The nobel memorial laureates in economics. An introduction to their careers and main published works*. Cheltenham: Edward Elgar.

Walras, L. (1954). *Elements of pure economics* [1874]. Homewood: Richard D. Irwin.

Weber, M. (1972). *Wirtschaft und Gesellschaft* [1921]. Tübingen: J.C.B. Mohr.

Weber, M. (1988). Wissenschaft als Beruf [1919]. In M. Weber (Hrsg.), *Gesammelte Aufsätze zur Wissenschaftslehre* (S. 582–613). Tübingen: J.C.B. Mohr.

Weber, M. (1990) *Grundriß zu den Vorlesungen über Allgemeine (theoretische) Nationalökonomie* [1898]. Tübingen: J.C.B. Mohr.

Weintraub, E. R. (2002). *How economics became a mathematical science*. Durham: Duke University Press.

White, H. C., Boorman, S. A., & Breiger, R. L. (1976). Social structures from multiple networks I: Blockmodells of roles and positions. *American Journal of Sociology, 81,* 730–780.

Winkel, H. (1980). *Einführung in die Wirtschaftswissenschaften*. Paderborn: UTB.